있어 보이게 말하기 위한

중국어 패턴북(1)

송다영 지음

영앤리치

있어 보이게 **말하기 위한**
중국어 패턴북(1)

발 행 | 2019년 03월 25일
저 자 | 송다영
펴낸곳 | 영앤리치
출판사등록 | 2018.12.17(제2018-000005호)
주 소 | 경기도 시흥시 관곡지로 222
이메일 | youngnreach@naver.com

ISBN | 979-11-965580-1-7
(표지 이미지: Created by rawpixel.com - Freepik.com)

〈있어 보이게 말하기 위한 패턴북〉을 처음 만들 때 기초를 막 끝낸 초보자부터 공부를 오래 해서 문법은 잘 알고 있지만, 말이 안 나오거나 쓰는 단어만 쓰는 초·중급자들까지 아우를 수 있는 교재를 만들고 싶었어요.

그래서 초보자들도 무리 없이 학습할 수 있는 〈오늘의 패턴〉과 〈말중작〉 부분부터 직접 세 가지 상황에 배운 패턴을 활용해 작문 연습하는 〈답정너; 답은 정해져 있고 너는 대답한다〉 부분과 살아 있는 중국어를 익힐 수 있는 〈중국인들 활용법〉과 〈드라마 속에서 쓰인 오늘의 패턴〉까지 난이도별로 구성했어요.

어느 수준의 학습자가 보더라도 만족스럽게 본인의 수준을 향상할 수 있답니다.

기초를 배웠지만, 원어민과의 대화는 부담스러운 분
자격증이 있지만, 말이 안 나오는 분
교환학생도 다녀왔지만 늘 같은 표현만 쓰는 분
짧은 문장이 아니라 긴 문장을 "있어 보이게" 말하고 싶은 분에게 이 책을 추천해요.

120개의 패턴으로 중국어 말하기에 날개 달아보기 바랍니다.
보이지 않아도 늘고 있어요, 우리의 중국어

리포터 출신 중국어 강사, 송다영

목차

오늘의 표현

오늘의 배울 핵심 표현을 확인합니다. 기계적인 암기가 아닌, 구조적인 접근을 할 수 있도록 표로 제시했습니다. 표에 직접 대입하면서 '스스로 작문하는 훈련'을 해보세요.

오늘의 표현	식은 죽 먹기 小菜一碟 xiǎocàiyìdié		
주어	기타등등	동사	목적어
중국어 말하기		입니다	식은 죽 먹기
说汉语 Shuō Hànyǔ		是 shì	小菜一碟 xiǎocàiyìdié

말중작 해보기

패턴을 반복적으로 활용하며 술술할 수 있도록 5개의 예문을 작문해 봅니다. 회화 능력을 향상하고싶다면 '손'이 아닌 '말'로 중작하는 연습을 해보세요. 내가 직접 말해본 문장만 실전에서 활용 가능하다는 점 잊지 마세요.

〈말중작 정답〉 '말중작 해보기'에서 만들어본 문장의 답변을 병음과 함께 제공했습니다. 정답을 정확한 발음으로 속도감 있게 읽는 훈련을 해보세요. 5번 읽으면서 동그라미 표시해보는 것도 잊지 마세요.

말중작 해보기

1. 이번 시험은 식은 죽 먹기예요.

2. 이 게임은 식은 죽 먹기예요.

3. 컴퓨터 수리하는 것은 식은 죽 먹기예요.

4. 영문신문 읽는 것은 식은 죽 먹기예요.

5. 수학은 식은 죽 먹기예요.

8

참고 단어

考试 kǎoshì 시험(시)
游戏 yóuxì 게임
修 xiū 수리하다
电脑 diànnǎo 컴퓨터
读 dú 읽다
英文 yīngwén 영문
报纸 bàozhǐ 신문
数学 shùxué 수학

말중작 정답

정답을 말하면서 5번 입으로 읽어보세요. 1 2 3 4 5

1	이번 시험은 식은 죽 먹기예요.	这次考试是小菜一碟。 Zhè cì kǎoshì shì xiǎocàiyìdié
2	이 게임은 식은 죽 먹기예요.	这个游戏是小菜一碟。 Zhè ge yóuxì shì xiǎocàiyìdié.
3	컴퓨터 수리하는 것은 식은 죽 먹기예요.	修电脑是小菜一碟。 Xiū diànnǎo shì xiǎocàiyìdié
4	영문신문 읽는 것은 식은 죽 먹기예요.	读英文报纸是小菜一碟。 Dú yīngwén bàozhǐ shì xiǎocàiyìdié
5	수학은 식은 죽 먹기예요.	数学是小菜一碟。 Shùxué shì xiǎocàiyìdié

말중작 업그레이드

오늘의 패턴을 이용해 작문과 회화 실력을 업그레이드할 수 있도록 추가 표현과 추가 단어를 제시했습니다. 한층 더 업그레이드된 실력을 원한다면, 앞에서 연습한 문장 뼈대에 살을 붙이는 연습을 해보세요.

말중작 업그레이드	10년을 공부했어요, 중국어 말하기는 식은 죽 먹기예요.		
주어	기타등등	동사	목적어
		공부했다+10년	
		学了10年 xuéle shí nián	

★리얼tip★
문장의 맨 뒤에 了를 한 번 더 붙이면 '10년째 하는 중이다'의 뉘앙스로 쓸 수 있어요.
(일반목적어는 동사+시량보어(시간) 뒤에 온답니다. 동사의 뒤에 붙이지 않도록 주의하세요.)

■■■ 답정너로 상황 연습

그날 배운 표현을 무조건 써야 해서 이름 붙여진 '답은 정해져 있고 너는 대답한다(답정너)' 입니다. 한글로 제시된 세 가지의 대화문을 스스로 작문해보면서 학습한 패턴을 활용하는 법을 익혀볼 수 있습니다. 가능하다면 한글을 중국어로 바꿔보고 답 맞춰보는 형식으로 학습하기를 추천해요. (작문이 어렵다면 제시된 답안지를 보고 암기해보세요.)

답정너로 상황 연습

상황1	A: 너 중국어 유창하게 말한다. B: 아니야~ 아직 멀었어 B: 너무 겸손하네, 중국어 몇 년 배웠어? B: 중국이 2년동안 배우고 1년 머물렀고 한국에서 1년씩 배우고 있어
상황2	A: 이번 시험 어떻게 봤어? (시험 본 정도가 어때?) B: 말도 마, 나 시험 망쳤어, 너는? A: 이번 시험은 정말이야 식은 죽 먹기였어
상황3	A: 나 3킬로 빠졌어 B: 와, 운동했어? A: 응, 나 3개월을 꾸준히 운동했어

참고 단어
流利 liúlì 유창하다 | 谦虚 qiānxū 겸손하다 | 考试 kǎoshì 시험 | 简直 jiǎnzhí 정말 | 瘦 shòu 마르다
公斤 gōngjīn kg(킬로그램) | 运动 yùndòng 운동하다

답정너 정답 정답을 맞혀보면서 5번 입으로 읽어보세요 1 2 3 4 5

상황1	A: 你汉语说得真流利。 Nǐ Hànyǔ shuō de zhēn liúlì. B: 哪里哪里，我还差得远呢。 Nǎli nǎli, wǒ hái chà de yuǎn ne. B: 太谦虚了。你学了几年汉语？ Tài qiānxū le. Nǐ xuéle jǐ nián Hànyǔ? B: 学了两年汉语了，我在中国呆了一年，在韩国学了一年一年。 Xuéle liǎng nián Hànyǔ le. Wǒ zài Zhōngguó dāile yì nián, zài Hánguó xuéle yì nián le.
상황2	A: 这次考试考得怎么样？ Zhè cì kǎoshì kǎo de zěnmeyang? B: 别提了，考砸了。你呢？ Bié tí le, kǎo zá le. Nǐ ne? B: 这次考试简直是小菜一碟。 Zhè cì kǎoshì jiǎnzhí shì xiǎocài yì dié.
상황3	A: 我瘦了三公斤。 Wǒ shòule sān gōngjīn. B: 天啊，运动了吗？ Tiān a, yùndòng le ma? A: 我坚持运动了三个月(了)。 Wǒ jiānchí yùndòngle sān gè yuè (le).

■■■ 리얼tip

송쌤이 제시하는 tip으로 회화에서 자주 하는 실수부터 문법의 포인트, 뉘앙스까지 학습할 수 있어요.

★리얼tip★
'~일 것이다'라고 추측하는 뉘앙스이기 때문에 '会'라는 조동사(능원 동사)를 붙였어요. '会'는 '할 수 있다'라는 뜻 말고도 '~일 것이다'라는 뜻이 있다는 것 기억하세요.

■■■ 중국인들 활용법

오늘 배운 패턴을 실제 중국인이 활용하는 문장을 통해 학습합니다. 살아있는 실제 표현을 익힐 수 있는 부분이에요. 해석해보면서 몰랐던 표현과 활용법을 익혀보세요.

참고 단어
过 guò 지나다
(体测 tìcè 체력테스트(하다)
对…来讲 duì…lái jiǎng ~에게 있어서

又过了一年，你还好吗？
Yòu guòle yì nián, nǐ hái hǎo ma?
또 한 년이 지났어요, 잘 지내요?

体测对球员来讲是小菜一碟。
Dù quyuán lái jiǎng shì xiǎocàiyìdié.
체력 테스트는 선수들에게 식은 죽 먹기예요.

■■■ 드라마 속에서 쓰인 오늘의 패턴

아무리 작문을 할 수 있다 해도, 문법을 다 안다 해도 중국인이 말하면 잘 안 들릴 때가 있습니다. 드라마 대사의 속도와 억양, 어휘가 생소하기 때문이죠. 드라마 속 대사로 실전 중국어를 익혀보세요. (어려운 분들은 어휘만 익힌다는 마음으로 가볍게 보세요.)

드라마 속에서 쓰인 오늘의 패턴 5번 입으로 읽어보세요 1 2 3 4 5

A: 你们吃，我吃素。
Nǐmen chī, wǒ chī sù.
다들 드세요, 저는 채식해요.

B: 我已经吃了五年素了。
Wǒ yǐjīng chīle wǔ nián sù le.
벌써 채식한지 5년째예요.

B: 什么时候的事？
Shénme shíhòu de shì?
언제부터야?

B: 你吃了五年素没告诉我。你瞒着我五年。
Nǐ chīle wǔ nián sù méi gàosu wǒ. Nǐ mánle wǒ wǔ nián.
5년 채식하면서 안 알려준 거, 너 나를 5년이나 속인 거야

吃素 chī sù 채식하다 | 告诉 gàosu 알려주다 | 瞒 mán 감추다, 속이다

7

1 10년을 공부했어요,
중국어 하기는 식은 죽 먹기예요.

아는 단어, 문장 끄집어내 직접 적어보기

▶ _____

_____

▶ _____

_____

오늘의 표현	식은 죽 먹기
	小菜一碟 xiǎocàiyìdié

주어	기타등등	동사	목적어
중국어 말하기		입니다	식은 죽 먹기
说汉语 Shuō Hànyǔ		是 shì	小菜一碟 xiǎocàiyìdié

말중작 해보기

1. 이번 시험은 식은 죽 먹기예요.

2. 이 게임은 식은 죽 먹기예요.

3. 컴퓨터 수리하는 것은 식은 죽 먹기예요.

4. 영문신문 읽는 것은 식은 죽 먹기에요

5. 수학은 식은 죽 먹기예요.

참고 단어

考试 kǎoshì 시험(치다)

游戏 yóuxì 게임

修 xiū 수리하다

电脑 diànnǎo 컴퓨터

读 dú 읽다

英文 yīngwén 영문

报纸 bàozhǐ 신문

数学 shùxué 수학

정답을 맞혀보면서 5번 입으로 읽어보세요   1   2   3   4   5

1	이번 시험은 식은 죽 먹기예요.	这次考试是小菜一碟。 Zhè cì kǎoshì shì xiǎocàiyìdié.
2	이 게임은 식은 죽 먹기예요.	这个游戏是小菜一碟。 Zhè ge yóuxì shì xiǎocàiyìdié.
3	컴퓨터 수리하는 것은 식은 죽 먹기예요.	修电脑是小菜一碟。 Xiū diànnǎo shì xiǎocàiyìdié.
4	영문신문 읽는 것은 식은 죽 먹기예요.	读英文报纸是小菜一碟。 Dú yīngwén bàozhǐ shì xiǎocàiyìdié.
5	수학은 식은 죽 먹기예요.	数学是小菜一碟。 Shùxué shì xiǎocàiyìdié.

말중작 업그레이드   10년을 공부했어요, 중국어 말하기는 식은 죽 먹기예요.

주어	기타등등	동사	목적어
		공부했다+10년	
		学了10年 xuéle shí nián	

★리얼tip★

문장의 맨 뒤에 了를 한 번 더 붙이면 '10년째 하는 중이다'의 뉘앙스로 쓸 수 있어요.
(일반목적어는 동사+시량보어(시간) 뒤에 온답니다. 동사의 뒤에 붙이지 않도록 주의하세요.)

말중작 해보기(2)

1. 10년을 공부했어요, 중국어 말하기는 식은 죽 먹기예요.

2. 10년을 했어요, 이 게임은 식은 죽 먹기예요.

참고 단어

玩儿 wánr 놀다

从事 cóngshì 종사하다

3. 10년을 종사했어요, 컴퓨터 수리하는 것은 식은 죽 먹기예요.

4. 10년을 공부했어요, 영문신문 읽는 것은 식은 죽 먹기예요.

5. 10년을 공부했어요, 수학은 식은 죽 먹기예요.

정답을 맞혀보면서 5번 입으로 읽어보세요 1 2 3 4 5

1	10년을 공부했어요, 중국어 말하기는 식은 죽 먹기예요.	学了十年(了)，说汉语是小菜一碟。 Xuéle shí nián (le), Shuō Hànyǔ shì xiǎocàiyìdié.
2	10년을 했어요, 이 게임은 식은 죽 먹기예요.	玩儿了十年(了)，这个游戏是小菜一碟。 Wánrle shí nián (le), zhè ge yóuxì shì xiǎocàiyìdié.
3	10년을 종사했어요. 컴퓨터 수리하는 것은 식은 죽 먹기예요.	从事了十年(了)，修电脑是小菜一碟。 Cóngshìle shí nián (le), xiū diànnǎo shì xiǎocàiyìdié.
4	10년을 공부했어요, 영문신문 읽는 것은 식은 죽 먹기예요.	学了十年(了)，读英文报纸是小菜一碟。 Xuéle shí nián (le), dú yīngwén bàozhǐ shì xiǎocàiyìdié.
5	10년을 공부했어요, 수학은 식은 죽 먹기예요.	学了十年(了)，数学是小菜一碟。 Xuéle shí nián (le), shùxué shì xiǎocàiyìdié.

답정너로 상황 연습

상황1	A: 너 중국어 유창하게 말한다. B: 아니야~ 아직 멀었어. A: 너무 겸손하네. 중국어 몇 년 배웠어? B: 중국어 2년째 배우고 있어. 중국에서 1년 머물렀고. 한국에서 1년째 배우고 있어.
상황2	A: 이번 시험 어떻게 봤어? (시험 본 정도가 어때?) B: 말도 마, 나 시험 망쳤어. 너는? A: 이번 시험은 정말이지 식은 죽 먹기였어.
상황3	A: 나 3킬로 빠졌어. B: 헐, 운동했어? A: 나 3개월을 꾸준히 운동했어.

참고 단어

流利 liúlì 유창하다 ㅣ 谦虚 qiānxū 겸손하다 ㅣ 考试 kǎoshì 시험 ㅣ 简直 jiǎnzhí 정말 ㅣ 瘦 shòu 마르다
公斤 gōngjīn kg(킬로그램) ㅣ 运动 yùndòng 운동(하다)

상황1	A: 你汉语说得真流利。 Nǐ Hànyǔ shuō de zhēn liúlì. 哪儿啊로 바꿔 쓸 수 있답니다. B: 哪里哪里，我还差得远呢。 Nǎlī nǎlī, wǒ hái chà de yuǎn ne. A: 太谦虚了。你学了几年汉语? Tài qiānxū le. Nǐ xuéle jǐ nián Hànyǔ? B: 学了两年汉语了。我在中国呆了一年，在韩国学了一年了。 Xuéle liǎng nián Hànyǔ le. Wǒ zài Zhōngguó dāile yì nián, zài Hánguó xuéle yì nián le.
상황2	A: 这次考试考得怎么样? Zhè cì kǎoshì kǎo de zěnmeyàng? B: 别提了，考砸了。你呢? Bié tí le, kǎo zá le. Nǐ ne? A: 这次考试简直是小菜一碟。 Zhè cì kǎoshì jiǎnzhí shì xiǎocàiyìdié.
상황3	A: 我瘦了三公斤。 Wǒ shòule sān gōngjīn. '말도 마라는 표현에서 说가 아닌 提(언급하다)를 쓴다는 걸 기억하세요. B: 天啊，运动了吗? Tiān a, yùndòng le ma? A: 我坚持运动了三个月(了)。 Wǒ jiānchí yùndòngle sān ge yuè (le).

중국인들 활용법

过 guò 지내다

体测 tǐcè 체력테스트(하다)

对...来讲 duì...lái jiǎng
~에게 있어서

又过了一年，你还好吗?
Yòu guòle yì nián, nǐ hái hǎo ma?
또 일 년이 지났어요, 잘 지내죠?

体测对球员来讲是小菜一碟。
Tǐcè duì qiúyuán lái jiǎng shì xiǎocàiyìdié.
체력 테스트는 선수들에게 식은 죽 먹기예요.

드라마 속에서 쓰인 오늘의 패턴   5번 입으로 읽어보세요   1   2   3   4   5

A: 你们吃，我吃素。
    Nǐmen chī, wǒ chī sù.
    다들 드세요, 저는 채식해요.

B: 我已经吃了五年素了。
    Wǒ yǐjīng chīle wǔ nián sù le.
    벌써 채식한지 5년째야.

B: 什么时候的事?
    Shénmeshíhòu de shì?
    언제부터야?

인칭 목적어는
주어+인칭 목적어+시량보어의 순서로 써요.

B: 你吃了五年素没告诉我。你瞒了我五年。
    Nǐ chīle wǔ nián sù méi gàosu wǒ. Nǐ mánle wǒ wǔ nián.
    5년 채식하면서 안 알려주고, 너 나를 5년이나 속인 거야.

吃素 chī sù 채식하다 | 告诉 gàosu 알려주다 | 瞒 mán 감추다, 속이다

2 이 과자는 고소하고 바삭해, 근데 내 스타일은 아니야.

▶ _____

_____

▶ _____

_____

오늘의 표현	내 스타일 아니야.
	不是我的菜。 bú shì wǒ de cài.

주어	기타등등	동사	목적어
그는	not	입니다	내 스타일
他 Tā	不 bú	是 shì	我的菜 wǒ de cài

말중작 해보기

1. 이 과자는 내 스타일 아니야.

2. 이 배는 내 스타일 아니야.

3. 이 참외는 내 스타일 아니야.

4. 이 고기는 내 스타일 아니야.

5. 이 피자는 내 스타일 아니야.

참고 단어

饼干 bǐnggān 과자

梨 lí 배

甜瓜 tiánguā 참외

肉 ròu 고기

比萨 bǐsà 피자

1 이 과자는 내 스타일 아니야.	这个饼干不是我的菜。 Zhè ge bǐnggān bú shì wǒ de cài.
2 이 배는 내 스타일 아니야.	这个梨不是我的菜。 Zhè ge lí bú shì wǒ de cài.
3 이 참외는 내 스타일 아니야.	这个甜瓜不是我的菜。 Zhè ge tiánguā bú shì wǒ de cài.
4 이 고기는 내 스타일 아니야.	这个肉不是我的菜。 Zhè ge ròu bú shì wǒ de cài.
5 이 피자는 내 스타일 아니야.	这个比萨不是我的菜。 Zhè ge bǐsà bú shì wǒ de cài.

말중작 업그레이드   이 과자는 고소하고 바삭해, 근데 내 스타일은 아니야.

주어	기타등등	형용사
이 과자		고소하고+ 바삭하다
这个饼干 Zhè ge bǐnggān		又香又脆 yòu xiāng yòu cuì

★리얼tip★
상태(형용사) 두 개가 동시에 있는 경우 **又 A 又 B**의 패턴을 활용해요.

말중작 해보기(2)

1. 이 과자는 고소하고 바삭한데, 내 스타일은 아니야.

2. 이 배/참외는 달고 아삭한데, 내 스타일은 아니야.

3. 이 고기는 비계가 적고 연한데, 내 스타일은 아니야.

4. 이 피자는 맛있고 안 느끼한데, 내 스타일은 아니야.

5. 그는 세심하고 유머러스한데, 내 스타일은 아니야.

참고 단어

香 xiāng 고소하다

脆 cuì 바삭하다

甜 tián 달다

瘦 shòu 비계가 적다

嫩 nèn 연하다

好吃 hǎochī 맛있다

腻 nì 느끼하다

细心 xìxīn 세심하다

幽默 yōumò 유머러스하다

정답을 맞혀보면서 5번 입으로 읽어보세요   1   2   3   4   5

1	이 과자는 고소하고 바삭한데, 내 스타일은 아니야.	这个饼干又香又脆，不过不是我的菜。 Zhè ge bǐnggān yòu xiāng yòu cuì, búguò bú shì wǒ de cài.
2	이 배/참외는 달고 아삭한데, 내 스타일은 아니야.	这个梨/甜瓜又甜又脆，不过不是我的菜。 Zhè ge lí/tiánguā yòu tián yòu cuì, búguò bú shì wǒ de cài.
3	이 고기는 비계가 적고 연한데, 내 스타일은 아니야.	这个肉又瘦又嫩，不过不是我的菜。 Zhè ge ròu yòu shòu yòu nèn, búguò bú shì wǒ de cài.
4	이 피자는 맛있고 안 느끼한데, 내 스타일은 아니야.	这个比萨又好吃又不腻，不过不是我的菜。 Zhè ge bǐsà yòu hǎochī yòu bú nì, búguò bú shì wǒ de cài.
5	그는 세심하고 유머러스한데, 내 스타일은 아니야.	他又细心又幽默，不过不是我的菜。 Tā yòu xìxīn yòu yōumò, búguò bú shì wǒ de cài.

답정너로 상황 연습

상황1	A: 목마르고 배고파, 너 뭐 먹을 거 있어? B: 이 과자 먹어. 이 과자 고소하고 바삭해. A: 이 과자 (비록) 맛있긴 한데, 내 스타일은 아니야.
상황2	A: 내가 너한테 집어준 고기반찬, 너 어째서 다 안 먹는 거야? B: 나 채식 5년째야. A: 언제 일이야?? 이 고기는 기름이 없고, 연해. 꽤 맛있어. 정말 안 먹어? B: 나 진짜 안 먹어. 나 3킬로 쪘어. 게다가 고기는 내 스타일 아니야.
상황3	A: 와, 이거 네가 한 요리야? 매콤달콤해. 너무 맛있어. B: 요리하는 거, 나한테 있어서... 식은 죽 먹기야. 너는 요리하는 거 좋아해? A: 응 나 3년째 요리 배우는 중이야.

참고 단어

渴 kě 목 타다 | 饼干 bǐnggān 과자 | 夹 jiā 집다 | 肉菜 ròucài 고기반찬 | 吃素 chī sù 채식하다
料理 liàolǐ 요리(하다)

상황1	A: 又渴又饿，你有什么吃的吗？ Yòu kě yòu è, nǐ yǒu shénme chī de ma?
	B: 吃这个饼干吧。这个饼干又香又脆。 Chī zhè ge bǐnggān ba. Zhè ge bǐnggān yòu xiāng yòu cuì.
	A: 这个饼干虽然好吃，不过不是我的菜。 Zhè ge bǐnggān suīrán hǎochī, búguò bú shì wǒ de cài.
상황2	A: 我给你夹的肉菜，你怎么都不吃啊？ Wǒ gěi nǐ jiā de ròucài, nǐ zěnme dōu bù chī a?
	B: 我吃了五年素了。 Wǒ chīle wǔ nián sù le.
	A: 什么时候的事儿？这个肉又瘦又嫩。挺好吃的。你真的不吃吗？ Shénmeshíhòu de shìr? Zhè ge ròu yòu shòu yòu nèn. Tǐng hǎochī de. Nǐ zhēnde bù chī ma?
	B: 我真的不吃。我胖了三公斤，而且肉不是我的菜。 Wǒ zhēnde bù chī. Wǒ pàngle sān gōngjīn, érqiě ròu búshì wǒ de cài.
상황3	A: 哇，这是你做的菜吗？又辣又甜。太好吃了。 Wā, zhè shì nǐ zuò de cài ma? Yòu là yòu tián. Tài hǎochī le.
	B: 做菜对我来说是小菜一碟。你喜欢做菜吗？ Zuò cài duì wǒ lái shuō shì xiǎocàiyìdié. Nǐ xǐhuan zuò cài ma?
	A: 嗯，我学了三年料理了。 èng, wǒ xuéle sān nián liàolǐ le.

중국인들 활용법

蛋糕 dàngāo 케이크

软 ruǎn 부드럽다

鸡蛋 jīdàn 계란

炒饭 chǎofàn 볶음밥

做法 zuòfǎ (방)법

蛋糕很软，但不是我的菜。
Dàngāo hěn ruǎn, dàn bú shì wǒ de cài.
케이크가 부드럽지만, 제 스타일 아니에요.

又香又不腻的鸡蛋炒饭做法
Yòu xiāng yòu bú nì de jīdàn chǎofàn zuòfǎ
고소하고(맛있고) 안 느끼한 계란 볶음밥 만드는 법

드라마 속에서 쓰인 오늘의 패턴

5번 입으로 읽어보세요 1 2 3 4 5

A: 哟，什么呀？
Yō, shénme ya?
어머, 뭐예요?

B: 给你个惊喜，汤。
Gěi nǐ ge jīngxǐ, tāng.
서프라이즈! 수프(탕)이에요.

중국인들은 숫자 '1'을 생략하곤 해요.
숫자가 없을 때 어색하게 들릴 수 있으니까,
생략해서도 읽는 연습해보세요.

A: 什么汤？
Shénme tāng?
무슨 수프(탕)이요?

A: 好香啊。我老公啊，是又帅又能干。
Hǎo xiāng a. Wǒ lǎogōng a, shì yòu shuài yòu nénggàn.
정말 향기로워요. 남편은(자기는) 정말 잘생기고 능력 있다니까요.

惊喜 jīngxǐ 서프라이즈 | 老公 lǎogōng 남편 | 能干 nénggàn 유능하다

3 어째서 또 생각을 바꿨어?
개 버릇 남 못 준다더니.

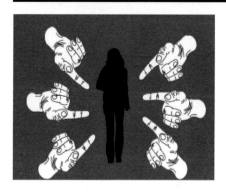

아는 단어, 문장 끄집어내 직접 적어보기

▶ _____

_____

▶ _____

_____

오늘의 표현	어째서 또 ~?
	怎么又~了? Zěnme yòu ... le?

주어	기타등등	동사	목적어	(문장 맨 뒤)
	어째서 또	바꿨어	생각을	
	怎么又 Zěnme yòu	改变 gǎibiàn	主意 zhǔyi	了? le

말중작 해보기

1. 어째서 또 **이직했어?**

2. 어째서 또 **도박했어?**

3. 어째서 또 **양다리를 걸쳤어?**

4. 어째서 또 **말다툼했어?**

5. 어째서 또 **거짓말을 했어?**

참고 단어

跳槽 tiàocáo 이직하다

赌博 dǔbó 도박하다

劈腿 pītuǐ 양다리 걸치다

吵架 chǎo jià 말다툼하다

撒谎 sā huǎng 거짓말하다

16

정답을 맞혀보면서 5번 입으로 읽어보세요 　1　　2　　3　　4　　5

1　어째서 또 이직했어?	怎么又跳槽了? Zěnme yòu tiàocáo le?
2　어째서 또 도박했어?	怎么又赌博了? Zěnme yòu dǔbó le?
3　어째서 또 양다리를 걸쳤어?	怎么又劈腿了? Zěnme yòu pītuǐ le?
4　어째서 또 말다툼했어?	怎么又吵架了? Zěnme yòu chǎo jià le?
5　어째서 또 거짓말을 했어?	怎么又撒谎了? Zěnme yòu sā huǎng le?

말중작 업그레이드　어째서 또 생각을 바꿨어? 개버릇 남 못준다더니.

주어	기타등등	동사	목적어
개는		고치다+~수 없다(가능보어)	대변 먹는것을
狗 Gǒu		改不了 gǎi bu liǎo	吃屎 chī shǐ

★리얼tip★

개 버릇 남 못 준다는 표현을 '개가 똥 먹는 버릇을 고칠 수 없다'라고 표현하는 게 참 재밌죠? 꼭 암기해서 활용해보세요.

> 동사+不了:(동사) 할 수 없다
> (반대로 '동사+得了'라고 하면 (동사) 할 수 있다'라는 뜻이 돼요.)

말중작 해보기(2)

1. 어째서 또 생각을 바꿨어? 개 버릇 남 못 준다더니.

2. 어째서 또 이직했어? 개 버릇 남 못 준다더니.

3. 어째서 또 도박했어? 개 버릇 남 못 준다더니.

4. 어째서 또 양다리를 걸쳤어? 개 버릇 남 못 준다더니.

5. 어째서 또 거짓말을 했어? 개 버릇 남 못 준다더니.

말중작 정답(2)

정답을 맞혀보면서 5번 입으로 읽어보세요   1   2   3   4   5

1	어째서 또 생각을 바꿨어? 개 버릇 남 못 준다더니.	怎么又改变主意了? 狗改不了吃屎。 Zěnme yòu gǎibiàn zhǔyi le? Gǒu gǎi bu liǎo chī shǐ.
2	어째서 또 이직을 했어? 개 버릇 남 못 준다더니.	怎么又跳槽了? 狗改不了吃屎。 Zěnme yòu tiàocáo le? Gǒu gǎi bu liǎo chī shǐ.
3	어째서 또 도박을 했어? 개 버릇 남 못 준다더니.	怎么又赌博了? 狗改不了吃屎。 Zěnme yòu dǔbó le? Gǒu gǎi bu liǎo chī shǐ.
4	어째서 또 말다툼을 했어? 개 버릇 남 못 준다더니.	怎么又吵架了? 狗改不了吃屎。 Zěnme yòu chǎo jià le? Gǒu gǎi bu liǎo chī shǐ.
5	어째서 또 거짓말을 했어? 개 버릇 남 못 준다더니.	怎么又撒谎了? 狗改不了吃屎。 Zěnme yòu sā huǎng le? Gǒu gǎi bu liǎo chī shǐ.

답정너로 상황 연습

상황1	A: 너 겨울 방학에 중국어 공부한다고 말하지 않았어? 어떻게 또 맘을 바꾼 거야? 개 버릇 남 못 준다더니... B: 영어를 10년째 공부하는데, 영어 말(하는 정도가) 유창하지 않아. 영어 먼저 마스터 하고 중국어 하려고.
상황2	A: 너 졸업한 지 3년 됐는데, 어째서 일자리는 안 찾니? B: 엄마, 어떻게 또 시작이세요. 저도 스트레스가 많아요. A: 너는 어떻게 또 끼어드니?
상황3	A: 너 왜 그래? 어떻게 또 기분이 나빠? B: 말도 마, 나 남자친구랑 5년 연애했는데, 바람났어. A: 뭐? 걔 어떻게 또 바람이 났대? 개 버릇 남 못 준다더니... 헤어져, 세상에 남자는 많아.

참고 단어

毕业 bì yè 졸업하다 | 压力 yālì 스트레스 | 插嘴 chā zuǐ 말참견하다 | 分手 fēn shǒu 헤어지다
有的是 yǒudeshì 얼마든지 있다(많다)

상황1	A: 你不是说寒假学汉语吗？你怎么又改变主意了？狗改不了吃屎。 Nǐ bú shì shuō hánjià xué Hànyǔ ma? Nǐ zěnme yòu gǎibiàn zhǔyi le? Gǒu gǎi bu liǎo chī shǐ. B: 我学了10年英语了，英语说得不流利。先学好英语再学汉语。 Wǒ xuéle shí nián Yīngyǔ le, Yīngyǔ shuō de bù liúlì. Xiān xuéhǎo Yīngyǔ zài xué Hànyǔ.
상황2	A: 你毕业3年了。你怎么不找工作呀？ Nǐ bì yè sān nián le. Nǐ zěnme bù zhǎo gōngzuò ya? B: 妈，您怎么又来了？我压力大。 Mā, nín zěnme yòu lái le? Wǒ yālì dà. A: 你怎么又插嘴了？ Nǐ zěnme yòu chā zuǐ le?
상황3	A: 你怎么了？怎么又不高兴了？ Nǐ zěnme le? Zěnme yòu bù gāoxing le? B: 别提了，我跟男朋友谈了五年恋爱了。不过他劈腿了。 Bié tí le, wǒ gēn nánpéngyǒu tánle wǔ nián liàn'ài le. Búguò tā pītuǐ le. A: 什么？他怎么又劈腿了？狗改不了吃屎。你跟他分手吧。 Shénme? Tā zěnme yòu pītuǐ le? Gǒu gǎi bu liǎo chī shǐ. Nǐ gēn tā fēn shǒu ba. 世界上有的是男人。 Shìjiè shàng yǒudeshì nán rén.

> 이유를 꼭 듣지 않아도 되는 "왜그래?"는
> 为什么가 아니라 怎么了로 표현해요.

중국인들 활용법

千万别和前任谈恋爱，
Qiānwàn bié hé qiánrèn tán liàn'ài.

因为狗改不了吃屎。
Yīnwèi gǒu gǎi bu liǎo chī shǐ.

제발 전 남자친구/여자친구랑 다시 사귀지 마세요.
왜냐하면 개 버릇 남 못 주거든요.

怎么又不理我了？
Zěnme yòu bù lǐ wǒ le?

어째서 날 또 상대 안 해줘(무시해)?

千万 qiānwàn 부디, 제발

前任 qiánrèn 전 남자/여자친구

理 lǐ 아랑곳하다, 상대하다

드라마 속에서 쓰인 오늘의 패턴 5번 입으로 읽어보세요 1 2 3 4 5

A: 你出轨了？张亮忠，你真是本性难移狗改不了吃屎。
Nǐ chū guǐ le? Zhāng Liàngzhōng , Nǐ zhēnshi běnxìngnányí gǒu gǎi bu liǎo chī shǐ.
너 바람난 거야? 장량종, 너 정말 세 살 버릇 여든까지 간다더니, 개 버릇 남 못 주는구나.

出轨 chū guǐ 외도하다 ┃ 本性难移 běnxìngnányí 세 살 버릇 여든까지 간다

4 관둬 말아? 정말 결정 장애야.

아는 단어, 문장 끄집어내 직접 적어보기

▶ _____

_____

▶ _____

_____

오늘의 표현	A해 B? **A还是B?** A háishi B?

주어	기타등등	동사	목적어
		(일) 관둬 아니면 안 관둬	
		辞职还是不辞职 cí zhí háishi bù cí zhí	

★리얼tip★
평서문에서는 '或者 huòzhě'를 쓰고, 의문문에서는 '还是'을 써요.

말중작 해보기

1. 허락해 아니면 말아?

2. 대학원을 가 아니면 취업을 해?

3. 집을 사 아니면 세 얻어?

4. 아메리카노 아니면 라테?

5. 중고차 아니면 새 차?

참고 단어

辞职 cí zhí 사직하다

答应 dāying 대답하다

读研究生 dú yánjiūshēng
대학원 다니다

找工作 zhǎo gōngzuò 구직하다

租房 zū fáng 임대하다, 세내다

美式咖啡 měishì kāfēi 아메리카노

拿铁 nátiě 라테

二手车 èrshǒuchē 중고차

정답을 맞혀보면서 5번 입으로 읽어보세요 1 2 3 4 5

1 허락을 해 아니면 말아?	答应还是不答应? Dāying háishi bù dāying?
2 대학원을 가 아니면 취업을 해?	读研究生还是找工作? Dú yánjiūshēng háishi zhǎo gōngzuò?
3 집을 사 아니면 세 얻어?	买房还是租房? Mǎi fáng háishi zū fáng?
4 아메리카노 아니면 라테?	美式咖啡还是拿铁? Měishì kāfēi háishi nátiě?
5 중고차 아니면 새 차?	二手车还是新车? èrshǒuchē háishi xīn chē?

> 二手를 붙이면 '중고'라는 뜻이 되는
> 게 일반적이지만, 담배(烟)에 붙이면
> '간접 흡연'이라는 뜻이 돼요.

말중작 업그레이드   관둬 말아? 정말 결정장애야.

주어	기타등등	동사
	정말	결정 장애야
	很 Hěn	纠结 jiūjié

★리얼tip★
원래 纠结는 '뒤엉키다'라는 뜻을 가진 단어인데 신조어로 '결정 장애'라고 활용해요.

말중작 해보기(2)

1. 관둬 말아? 정말 결정 장애야.

2. 대학원을 가 아니면 취업을 해? 정말 결정 장애야.

3. 집을 사 아니면 세를 얻어? 정말 결정 장애야.

4. 아메리카노 아니면 라테? 정말 결정 장애야.

5. 중고차 아니면 새 차? 정말 결정 장애야.

정답을 맞혀보면서 5번 입으로 읽어보세요 1 2 3 4 5

1 관둬 말아? 정말 결정 장애야.	辞职还是不辞职? 很纠结。 Cí zhí háishi bù cí zhí? Hěn jiūjié.
2 대학원 가 아니면 취업해? 정말 결정장애야.	读研究生还是找工作? 很纠结。 Dú yánjiūshēng háishi zhǎo gōngzuò? Hěn jiūjié.
3 집 사 아니면 세를 얻어? 정말 결정 장애야.	买房还是租房? 很纠结。 Mǎi fáng háishi zū fáng? Hěn jiūjié.
4 아메리카노 아니면 라테? 정말 결정 장애야.	美式咖啡还是拿铁? 很纠结。 Měishì kāfēi háishi nátiě? Hěn jiūjié.
5 중고차 아니면 새 차? 정말 결정 장애야.	二手车还是新车? 很纠结。 èrshǒuchē háishi xīn chē? Hěn jiūjié.

답정너로 상황 연습

상황1	A: 어서 오세요, 무엇을 찾으세요? B: 저에게 하얀색 셔츠를 좀 보여주세요. 왼쪽 것을 살까요? 아니면 오른쪽 것을 (살까요)? 정말 고민이네요. A: 두 개 다 사세요. 당신에게 2만원(한국 돈) 깎아 드릴게요. B: 좋아요. (그럴게요) A: 카드 결제하세요? 아니면 현금(하세요)?
상황2	A: 부인, 차가 또 고장 났어. 8년째 쓰고 있는데, 우리 바꾸자. B: 좋아요. 세단 사고 싶어요 아니면 SUV? A: 너무 고민이야.
상황3	A: 내년에 곧 졸업이잖아. 대학원 가야 할지 아니면 취업해야 할지, 너무 고민이야. B: 나도 결정장애야. 대기업을 선택해야 하나 아니면 중소기업(선택해야 하나)? A: 각자가 다 장단점이 있어.

참고 단어

衬衫 chènshān 셔츠 | 韩币 hánbì 한화 | 刷卡 shuā kǎ 카드 결제하다 | 付现金 fù xiànjīn 현금으로 지불하다
坏 huài 고장나다 | 轿车 jiàochē 세단 | 越野车 yuèyěchē SUV | 选择 xuǎnzé 선택하다 | 大企业 dàqǐyè 대기업
中小企业 zhōngxiǎo qǐyè 중소기업 | 各有利弊 gè yǒu lì bì 장단점이 있다

상황1	A: 欢迎光临，您找什么? Huānyíng guānglín, nín zhǎo shénme? B: 请给我看一下白色衬衫。买左边的还是右边的? 很纠结。 Qǐng gěi wǒ kàn yíxià báisè chènshān. Mǎi zuǒbiān de háishi yòubiān de? Hěn jiūjié. A: 两个都买吧。我给你便宜两万韩币吧。 Liǎng ge dōu mǎi ba. Wǒ gěi nǐ piányi liǎngwàn hánbì ba. B: 好吧。 A: 刷卡还是付现金? Hǎo ba. Shuā kǎ háishi fù xiànjīn?
상황2	A: 老婆，车又坏了。用了八年了，咱们换吧。 Lǎopo, chē yòu huài le. Yòngle bā nián le, zánmen huàn ba. B: 好吧，想买轿车还是越野车? Hǎo ba, xiǎng mǎi jiàochē háishi yuèyěchē? A: 很纠结。 Hěn jiūjié.
상황3	A: 我明年要毕业了。读研究生还是找工作? 很纠结。 Wǒ míngnián yào bì yè le. Dú yánjiūshēng háishi zhǎo gōngzuò? Hěn jiūjié. B: 我也纠结呢。选择大企业还是中小企业? Wǒ yě jiūjié ne. Xuǎnzé dàqǐyè háishi zhōngxiǎo qǐyè? A: 各有利弊。 Gè yǒu lì bì

중국인들 활용법

浪费 làngfèi 낭비하다

时间 shíjiān 시간

问题 wèntí 문제

没有什么比纠结更浪费时间的了。
Méiyǒu shénme bǐ jiūjié gèng làngfèi shíjiān de le.
결정 장애 보다 더 시간 낭비하는 것은 없어요.

有个很纠结的问题。
Yǒu ge hěn jiūjié de wèntí.
너무 고민되는 문제가 있어요.

드라마 속에서 쓰인 오늘의 패턴

5번 입으로 읽어보세요 1 2 3 4 5

A: 你怎么知道的? 我现在正在纠结要不要喝咖啡呢。
　　Nǐ zěnme zhīdào de? Wǒ xiànzài zhèngzài jiūjié yào bu yào hē kāfēi ne.
　　언니 어떻게 알았어? 나 지금 커피를 마셔야 하나 말아야 하나 고민하는 중이었어.

B: 我是谁啊，我是你樊姐。就你那点小心思，还能瞒得了我吗?
　　Wǒ shì shéi a, wǒ shì nǐ Fánjiě. Jiù nǐ nà diǎn xiǎo xīnsi, hái néng mán de liǎo wǒ ma?
　　내가 누구야. 판 언니잖니. 너 그 조그만 생각으로 언니를 못 속이지.

心思 xīnsi 심정, 기분, 염두 | 瞒 mán 속이다, 감추다

5 나는 네가 20대 초반인 줄 알았어,
돼지띠라곤 상상도 못 했어.

▶ _____

_____

▶ _____

_____

오늘의 표현	~인 줄 알았어.
	以为... yǐwéi...

주어	기타등등	동사	목적어
나는		인줄 알았어	네가 20대 초반이다
我 Wǒ		以为 yǐwéi	你是20出头 nǐ shì èrshí chūtóu

'~라고 생각했지만, 아니었다!'라는 뜻을 가진 동사에요.
생각과 현실의 상황이 다를 때 쓴다는 점을 기억하세요.

말중작 해보기

1. 나는 그가 너 남자친구인 줄 알았어.

2. 나는 네가 동의할 줄 알았어.

3. 나는 네가 반대할 줄 알았어.

4. 나는 네가 지지할 줄 알았어.

5. 나는 네가 이길 줄 알았어.

참고 단어

出头 chūtóu 초반, 남짓하다

同意 tóngyì 동의하다

反对 fǎnduì 반대하다

支持 zhīchí 지지하다

赢 yíng 이기다

정답을 맞혀보면서 5번 입으로 읽어보세요 1   2   3   4   5

1 나는 그가 너 남자친구인 줄 알았어.	我以为他是你男朋友。 Wǒ yǐwéi tā shì nǐ nánpéngyǒu.
2 나는 네가 동의할 줄 알았어.	我以为你**会**同意。 Wǒ yǐwéi nǐ huì tóngyì.
3 나는 네가 반대할 줄 알았어.	我以为你会反对。 Wǒ yǐwéi nǐ huì fǎnduì.
4 나는 네가 지지할 줄 알았어.	我以为你会支持。 Wǒ yǐwéi nǐ huì zhīchí.
5 나는 네가 이길 줄 알았어.	我以为你会赢。 Wǒ yǐwéi nǐ huì yíng.

★리얼tip★
'~ 일 것이다'라고 추측하는 뉘앙스이기 때문에 '会'라는 조동사(능원 동사)를 붙였어요. '会'는 '할 수 있다'라는 뜻 말고도 '~일 것이다'라는 뜻이 있다는 것 기억하세요.

말중작 업그레이드   나는 네가 20대 초반인 줄 알았어. 돼지띠라곤 상상도 못 했어.

주어	기타등등	동사	목적어
	못	생각했어	네가 돼지띠 일거라고
	没 Méi	想到 xiǎngdào	你会属猪 nǐ huì shǔ zhū

말중작 해보기(2)

1. 나는 그가 너 남자친구인 줄 알았어, 그가 아버님일 것이라고 상상도 못 했어.

2. 나는 네가 동의할 줄 알았어, 네가 반대할 것이라고 상상도 못 했어.

3. 나는 네가 반대할 줄 알았어, 네가 지지할 것이라고 상상도 못 했어.

4. 나는 네가 지지할 줄 알았어, 네가 반대할 것이라고 상상도 못 했어.

5. 나는 네가 이길 줄 알았어, 네가 질 것이라고 상상도 못 했어.

참고 단어

属 shǔ ~에 속하다

猪 zhū 돼지

父亲 fùqīn 아버지

输 shū 지다

말중작 정답(2)

정답을 맞혀보면서 5번 입으로 읽어보세요   1   2   3   4   5

1	나는 그가 너 남자친구인 줄 알았어, 그가 아버님일 것이라고 상상도 못 했어.	我以为他是你男朋友,没想到他会是父亲。 Wǒ yǐwéi tā shì nǐ nánpéngyǒu, méi xiǎngdào tā huì shì fùqīn.
2	나는 네가 동의할 줄 알았어, 네가 반대할 것이라고 상상도 못 했어.	我以为你会同意, 没想到你会反对。 Wǒ yǐwéi nǐ huì tóngyì, méi xiǎngdào nǐ huì fǎnduì.
3	나는 네가 반대할 줄 알았어, 네가 지지할 것이라고 상상도 못 했어.	我以为你会反对, 没想到你会支持。 Wǒ yǐwéi nǐ huì fǎnduì, méi xiǎngdào nǐ huì zhīchí.
4	나는 네가 지지할 줄 알았어, 네가 반대할 것이라고 상상도 못 했어.	我以为你会支持, 没想到你会反对。 Wǒ yǐwéi nǐ huì zhīchí, méi xiǎngdào nǐ huì fǎnduì.
5	나는 네가 이길 줄 알았어, 네가 질 것이라고 상상도 못 했어.	我以为你会赢, 没想到你会输。 Wǒ yǐwéi nǐ huì yíng, méi xiǎngdào nǐ huì shū.

답정너로 상황 연습

상황1	A: 부인, 우리 새 차 바꾸는 거 어때요? 10년째 몰았더니, 곧 고장 날 것 같아요. B: 우리 돈 아껴서 집 사요. A: 나는 당신이 동의할 거라고 생각했어요. 반대할 줄은 꿈에도 몰랐어요.
상황2	A: 어제 어떤 팀이 이겼어? B: 당연히 LG지. A: 나는 LG가 질 줄 알았는데, 정말 꿈에도 몰랐어.
상황3	A: 이거 내가 만든 요리야, 고소하고 안 느끼해. 너도 먹어봐. B: 고마워~ A: 왜 그래? 맛없어? 네가 좋아할 줄 알았어. 네가 싫어할 줄은 꿈에도 몰랐어.

참고 단어

省 shěng 아끼다 | 队 duì 팀 | 当然 dāngrán 당연하다 | 尝 cháng 맛보다

상황1	A: 老婆，咱们换新车怎么样? 开了10年了，快坏了。 Lǎopo, zánmen huàn xīn chē zěnmeyàng? Kāile shí nián le, kuài huài le. B: 咱们省钱买房吧。 Zánmen shěng qián mǎi fáng ba. A: 我以为你会同意，没想到你会反对。 Wǒ yǐwéi nǐ huì tóngyì, méi xiǎngdào nǐ huì fǎnduì.
상황2	A: 昨天哪个队赢了? Zuótiān nǎ ge duì yíng le? B: 当然是LG. Dāngrán shì LG. A: 我以为LG会输，真没想到。 Wǒ yǐwéi LG huì shū, zhēn méi xiǎngdào.
상황3	A: 这是我做的菜，又香又不腻，你也尝尝吧。 Zhè shì wǒ zuò de cài, yòu xiāng yòu bú nì, nǐ yě chángchang ba. B: 谢谢。 Xièxie. A: 怎么了? 不好吃吗? 我以为你会喜欢，没想到你会不喜欢。 Zěnme le? Bù hǎochī ma? Wǒ yǐwéi nǐ huì xǐhuan, méi xiǎngdào nǐ huì bù xǐhuan.

중국인들 활용법

慌 huāng
당황해하다, 불안해하다

这样 zhèyàng 이렇다

我以为少了我，你会慌。
Wǒ yǐwéi shǎole wǒ, nǐ huì huāng.
내가 없으면 네가 불안해(못 견뎌)할 줄 알았어.

我真没想到你是这样的人。
Wǒ zhēn méi xiǎngdào nǐ shì zhèyàng de rén.
네가 이런 사람인 줄 꿈에도 몰랐어.

드라마 속에서 쓰인 오늘의 패턴   5번 입으로 읽어보세요 1 2 3 4 5

A: 关关，你怎么不接电话啊? 我还以为你出什么事儿了呢。
　　Guānguān, nǐ zěnme bù jiē diànhuà a? Wǒ hái yǐwéi nǐ chū shénme shìr le ne.
　　꽌꽌아, 너 어째서 전화를 안 받는 거니? 엄마는 무슨 일 생긴 줄 알았잖아.

B: 我早上起太早了，晚上又加班，刚才在厕所睡着了。
　　Wǒ zǎoshang qǐ tài zǎo le, wǎnshang yòu jiā bān, gāngcái zài cèsuǒ shuìzháo le.
　　아침에 너무 일찍 일어나고, 저녁에는 또 야근했더니, 방금 화장실에서 잠들었었어요.

接 jiē (전화) 받다 ㅣ 出事 chū shì 사고가 발생하다 ㅣ 加班 jiā bān 야근하다 ㅣ 厕所 cèsuǒ 변소
睡着 shuìzháo 잠들다

어머나, 너 정말 일찍 깼다.

아는 단어, 문장 끄집어내 직접 적어보기

▶ _____

_____

▶ _____

_____

오늘의 표현	정말 일찍 깼다.(깬 정도가 이르다→ 정도보어) 得 de

주어	기타등등	동사	목적어
		깨다+정말 일찍	
		醒得很早 xǐng de hěn zǎo	

★리얼tip★

중국어에서 정도를 표현할 때는 한국어처럼 부사+동사로 표현하지 않아요. 중국어는 동사+ 得+ 정도(상태)로 표현한다는 점을 기억하세요.

말중작 해보기

1. 너 정말 예뻐졌다. (예쁘게 변했다)

2. 너 정말 많이 변했다.

3. 너 내향/외향적으로 변했다.

4. 날씨가 추워졌다/더워졌다. (춥게 변했다/덥게 변했다)

5. 살기가 더 어려워졌다. (어렵게 변했다)

참고 단어

变 biàn 변하다

内向 nèixiàng 내향적이다

外向 wàixiàng 외향적이다

天气 tiānqì 날씨

冷 lěng 춥다

热 rè 덥다

生活 shēnghuó 생활(하다)

难 nán 어렵다

정답을 맞혀보면서 5번 입으로 읽어보세요   1   2   3   4   5

1 너 정말 예뻐졌다. (예쁘게 변했다)	你变得很漂亮。 Nǐ biàn de hěn piàoliang.
2 너 정말 많이 변했다.	你变得很多。 Nǐ biàn de hěn duō.
3 너 내향/외향적으로 변했다.	你变得内向/外向。 Nǐ biàn de nèixiàng/ wàixiàng.
4 날씨가 정말 추워졌다/더워졌다.	天气变得很冷/热。 Tiānqì biàn de hěn lěng/ rè.
5 살기가 더 어려워졌다. (어렵게 변해다)	生活变得更难。 Shēnghuó biàn de gèng nán.

말중작 업그레이드   어머나(헐), 너 정말 일찍 깼다.

주어	기타등등	동사	목적어
오 마이 갓(어머나)			
我的天啊 Wǒ de tiān a			

★리얼tip★
줄여서 '天啊' 라고 하기도 해요.

말중작 해보기(2)

1. 어머나, 너 정말 일찍 깼다.

2. 어머나, 너 정말 예뻐졌다.

3. 어머나, 너 정말 많이 변했다.

4. 어머나, 너 내향/외향적으로 변했다.

5. 어머나, 날씨가 정말 추워졌다/더워졌다. (춥게 변했다/덥게 변했다)

말중작 정답(2)

정답을 맞혀보면서 5번 입으로 읽어보세요   1   2   3   4   5

1 어머나, 너 정말 일찍 깼다.	我的天啊，你醒得很早。 Wǒ de tiān a, nǐ xǐng de hěn zǎo.
2 어머나, 너 정말 예뻐졌다.	我的天啊，你变得很漂亮。 Wǒ de tiān a, nǐ biàn de hěn piàoliang.
3 어머나, 너 정말 많이 변했다.	我的天啊，你变得很多。 Wǒ de tiān a, nǐ biàn de hěn duō.
4 어머나, 너 내향/외향적으로 변했다.	我的天啊，你变得内向/外向。 Wǒ de tiān a, nǐ biàn de nèixiàng/ wàixiàng.
5 어머나, 날씨가 정말 추워졌다/더워졌다.	我的天啊，天气变得很冷/热。 Wǒ de tiān a, tiānqì biàn de hěn lěng/ rè.

답정너로 상황 연습

상황1	A: 너 어떻게 (지금) 벌써 왔어? B: 오늘 일찍 깬 데다가 배가 너무 고프잖아. 그래서 미리 출발했어. A: 해가 서쪽에서 뜨겠네. 나는 걔 버릇 남 못 준다고 생각했는데.
상황2	A: 우와, 너 중국어 정말 유창하다. B: 나 중국어 6개월째 배우고 있어. 빨리 배우지? 나한테 있어서, 중국어 말하기는 식은 죽 먹기야. A: 부럽다.
상황3	A: 듣자 하니까 东东이 또 승진했대. B: 헐, 걔 어떻게 또 승진했어? 아첨했지? 세 살 버릇 여든까지 간다더니! 개 버릇 남 못 준다더니! A: 높이 올라가야, 떨어질 때 아프지.

참고 단어

不行 bù xíng 심하다 l 提前 tíqián 앞당기다 l 哇塞 wāsài 우와 l 流利 liúlì 유창하다 l 羡慕 xiànmù 부러워하다
升职 shēngzhí 승진하다 l 跌 diē 떨어지다

| 상황1 | A: 你怎么现在就来了？
Nǐ zěnme xiànzài jiù lái le?

 B: 今天醒**得**早，而且饿**得不行**。所以提前出发了。
Jīntiān xǐng de zǎo, érqiě è de bù xíng. Suǒyǐ tíqián chūfā le.

 A: 太阳从西边出来了，我以为狗改不了吃屎呢。
Tàiyáng cóng xībian chūlái le, wǒ yǐwéi gǒu gǎi bu liǎo chī shǐ ne. |

> 정도 보어 뒤에 不行을 붙여
> 정도가 심함을 나타낼 수 있어요.

| 상황2 | A: 哇塞，你汉语说**得**真流利。
Wāsài, nǐ Hànyǔ shuō de zhēn liúlì.

 B: 我学了半年汉语了。学**得**快吧？对我来说，说汉语是小菜一碟。
Wǒ xuéle bàn nián Hànyǔ le. Xué de kuài ba? Duì wǒ lái shuō, shuō Hànyǔ shì xiǎocàiyìdié.

 A: 真羡慕（＝**羡慕嫉妒恨**。）
Zhēn xiànmù. (Xiànmù jídù hèn.) |

> 부러우면 질투 나고, 질투하면 미워진다
> 라는 뜻의 중국 유행어예요.
> 질투 난다는 의미로 활용해보세요.

| 상황3 | A: 听说东东又升职了。
Tīngshuō Dōngdōng yòu shēngzhí le.

 B: **天啊**，他怎么又升职了？拍马屁了吧？本性难移，狗改不了吃屎。
Tiān a, tā zěnme yòu shēngzhí le? Pāi mǎpì le ba? Běnxìngnányí, gǒu gǎi bu liǎo chī shǐ.

 A: 爬**得**高跌**得**重嘛。
Pá de gāo diē de zhòng ma. |

중국인들 활용법

难听 nántīng 귀에 거슬리다

心服口服 xīnfúkǒufú
마음으로도 감복하고 말로서도 탄
복하다 (진심으로 완전히 납득하다)

我的天啊，太难听了。
Wǒ de tiān a, tài nántīng le.
헐, 정말 못 들어주겠다.

她美**得**心服口服。
Tā měi de xīnfúkǒufú.
그녀는 진심으로 탄복할 만큼 아름다워요.(그녀는 정말 아름다워요.)

드라마 속에서 쓰인 오늘의 패턴   5번 입으로 읽어보세요   1   2   3   4   5

A: 妈，您这几天遭遇什么了？
Mā, nín zhè jǐ tiān zāoyù shénme le?
엄마, 요 며칠 무슨 일이 있었던 거예요?

B: 别假装孝顺来看我。
Bié jiǎzhuāng xiàoshùn lái kàn wǒ.
효도해서 나 보러 온 척하지 말렴.

A: 妈，您这话说**得**昧良心。您儿子什么时候假装过呀。
Mā, nín zhè huà shuō de mèi liángxīn. Nín érzi shénmeshíhòu jiǎzhuāngguo ya.
엄마, 그 말은 너무 양심 없으세요. 엄마 아들이 언제 효도하는 척했다고 그러세요.

遭遇 zāoyù 조우하다 (불행한 일을 만나다) **I** 假装 jiǎzhuāng 체하다 **I** 孝顺 xiàoshùn 효도하다

昧良心 mèi liángxīn 양심을 속이다

7 하마터면 (차) 사고 날 뻔했어.

아는 단어, 문장 끄집어내 직접 적어보기

▶ _____

_____

▶ _____

_____

오늘의 표현	하마터면 ~할 뻔 했어. 差点儿~ chàdiǎnr...

주어	기타등등	동사	목적어
	하마터면	충돌하다	차를
	差点儿 Chàdiǎnr	撞 zhuàng	车了 chē le

말중작 해보기

1. 하마터면 **넘어질** 뻔했어.

2. 하마터면 **쓰러질(기절할)** 뻔했어.

3. 하마터면 **화나 죽을** 뻔했어.

4. 하마터면 **토할** 뻔했어.

5. 하마터면 **까먹을** 뻔했어.

참고 단어

撞 zhuàng 부딪히다

摔倒 shuāidǎo 넘어지다

晕倒 yūndǎo 기절하다

气 qì 화내다

吐 tù 토하다

忘 wàng 잊어버리다

정답을 맞혀보면서 5번 입으로 읽어보세요 1   2   3   4   5

1	하마터면 넘어질 뻔했어.	差点儿摔倒了。 Chàdiǎnr shuāidǎo le.	= 差点儿没摔倒。 Chàdiǎnr méi shuāidǎo.
2	하마터면 쓰러질(기절할) 뻔했어.	差点儿晕倒了。 Chàdiǎnr yūndǎo le.	= 差点儿没晕倒。 Chàdiǎnr méi yūndǎo.
3	하마터면 화나 죽을 뻔했어.	差点儿气死了。 Chàdiǎnr qìsǐ le.	= 差点儿没气死。 Chàdiǎnr méi qìsǐ.
4	하마터면 토할 뻔했어.	差点儿吐了。 Chàdiǎnr tù le.	= 差点儿没吐。 Chàdiǎnr méi tù.
5	하마터면 까먹을 뻔했어.	差点儿忘了。 Chàdiǎnr wàng le.	= 差点儿没忘。 Chàdiǎnr méi wàng.

★리얼tip★

이때 A에 들어가는 단어가 기대하지 않는 부정적 사건일 때는 **差点儿没**로 바꿔 써도 그 의미는 변하지 않아요. 두 경우 모두 '~할 뻔했지만 못'했다는 뜻이에요.

말중작 업그레이드   기대하는 긍정적 사건이 오는 경우: 두 경우의 의미가 변해요.

주어	기타등등	동사	목적어
	하마터면 差点儿 Chàdiǎnr	통과했어 通过了 tōngguòle	통과할 뻔 했지만 통과 못함
	하마터면 못 差点儿没 Chàdiǎnr méi	통과했어 通过 tōngguò	통과 못할 뻔 했지만 통과 함

말중작 해보기(2)

1. 대학에 합격할 뻔했어. vs 대학에 합격 못 할 뻔했어.

2. 비행기 시간 안에 탈 뻔했어. vs 비행기 시간 안에 못 탈 뻔했어.

3. 골 넣을 뻔했어. vs 골 못 넣을 뻔했어.

4. 복권 당첨될 뻔했어. v 복권 당첨 못 될 뻔했어.

5. 알아볼 뻔했어. vs 못 알아 볼 뻔했어.

참고 단어

通过 tōngguò 통과하다

考上 kǎoshàng (시험) 합격하다

赶上 gǎnshàng 시간에 대다

进球 jìn qiú 골을 넣다

中奖 zhòng jiǎng 당첨되다

认出来 rèn chūlái 알아보다

정답을 맞혀보면서 5번 입으로 읽어보세요   1   2   3   4   5

1	대학에 합격할 뻔했어. (합격 x)	差点儿考上大学了。 Chàdiǎnr kǎoshàng dàxué le.
	대학에 합격 못 할 뻔했어. (합격 o)	差点儿没考上大学。 Chàdiǎnr méi kǎoshàng dàxué.
2	비행기 시간 안에 탈 뻔했어. (탑승 x)	差点儿赶上飞机了。 Chàdiǎnr gǎnshàng fēijī le.
	비행기 시간 안에 못 탈 뻔했어. (탑승 o)	差点儿没赶上飞机。 Chàdiǎnr méi gǎnshàng fēijī.
3	골 넣을 뻔했어. (골 x)	差点儿进球了。 Chàdiǎnr jìn qiú le.
	골 못 넣을 뻔했어. (골 o)	差点儿没进球。 Chàdiǎnr méi jìn qiú.
4	복권 당첨될 뻔했어. (당첨 x)	差点儿中奖了。 Chàdiǎnr zhòng jiǎng le.
	복권 당첨 못 될 뻔했어. (당첨 o)	差点儿没中奖。 Chàdiǎnr méi zhòng jiǎng.
5	알아볼 뻔했어. (알아봄 x)	差点儿认出来了。 Chàdiǎnr rèn chūlái le.
	못 알아 볼 뻔했어. (알아봄 o)	差点让没认出来。 Chàdiǎnr méi rèn chūlái.

답정너로 상황 연습

상황1	A: 너 어떻게 또 지각했어? B: 미안해, 나 방금 하마터면 (차) 사고 날 뻔했어. A: 괜찮아? B: 하마터면 죽을 뻔했어.
상황2	A: 이 식당 요리 짜고, 느끼하고... 나 하마터면 토할 뻔했어. B: 게다가 가격이 너무 비싸. 정말 내 스타일 아니야
상황3	A: 어제 어느 팀이 이겼어? B: 중국이 하마터면 못 이길 뻔했어. 나는 중국이 질 줄 알았는데... 정말 생각지도 못했어.

참고 단어

迟到 chídào 지각하다 | 咸 xián 짜다 | 价格 jiàgé 가격 | 贵 guì 비싸다

상황1	A: 你怎么又迟到了？ Nǐ zěnme yòu chídào le? B: 不好意思。我刚才差点儿撞车了。（= 差点儿没撞车） Bùhǎoyìsi. Wǒ gāngcái chàdiǎnr zhuàng chē le.　　chàdiǎnr méi zhuàng chē. A: 没事儿吗？ Méishìr ma? B: 差点儿死了。（= 差点儿没死） Chàdiǎnr sǐ le.　　　Chàdiǎnr méi sǐ.
상황2	A: 这家饭馆儿的菜又咸又腻，我差点儿吐了。（= 差点儿没吐） Zhè jiā fànguǎnr de cài yòu xián yòu nì, wǒ chàdiǎnr tù le.　　chàdiǎnr méi tù. B: 而且价格太贵了，完全不是我的菜。 érqiě jiàgé tài guì le, wánquán bú shì wǒ de cài.
상황3	A: 昨天哪个队赢了？ Zuótiān nǎ ge duì yíng le? B: 中国队差点儿没赢。我以为中国队会输，真没想到啊。 Zhōngguóduì chàdiǎnr méi yíng. Wǒ yǐwéi Zhōngguóduì huì shū. Zhēn méi xiǎngdào a.

중국인들 활용법

信 xìn 믿다

错过 cuòguò
(기회 등을) 놓치다

婚礼 hūnlǐ 결혼식

我差点儿就信了。
Wǒ chàdiǎnr jiù xìn le.
하마터면 믿을 뻔했어요.

他差点儿错过自己的婚礼了。
Tā chàdiǎnr cuòguò zìjǐ de hūnlǐ le.
그는 하마터면 본인 결혼식을 놓칠 뻔(못 갈 뻔)했어요.

드라마 속에서 쓰인 오늘의 패턴　　5번 입으로 읽어보세요　1　2　3　4　5

A: 先生，您好。**先生**，您好。
　Xiānsheng, nín hǎo. Xiānsheng, nín hǎo.
　선생님, 안녕하세요.

A: 您的礼金呢？
　Nín de lǐjīn ne?
　선생님 축의금은... 요?

B: 你好。
　Nǐ hǎo.
　네, 안녕하세요.

B: 我差点儿忘了。
　Wǒ chàdiǎnr wàng le.
　아, 하마터면 깜빡할뻔했네요.

> 남자 어른을 존칭하는 **표현**이에요.
> '가르치는' 직업의 선생님은 老师 lǎoshī이죠.

礼金 lǐjīn 축의금

8 하나도 안 멋있어.

아는 단어, 문장 끄집어내 직접 적어보기

아는 단어, 문장 끄집어내 직접 적어보기

▶ _____

▶ _____

오늘의 표현

하나도 안 ~해.
一点儿都不~　yìdiǎnr dōu bù(bú)...

주어	기타등등	형용사
	하나도 안	멋있어
	一点儿都不 Yìdiǎnr dōu bú	酷 kù

말중작 해보기

1. 하나도 안 **못생겼어**.

2. 하나도 냄새 안 **나**.

3. 하나도 안 **세련됐어**.

4. 하나도 안 **이상해**.

5. 하나도 안 **부끄러워**.

참고 단어

酷 kù 멋있다, 쿨하다

丑 chǒu 못생기다

臭 chòu 냄새나다

时尚 shíshàng 세련되다

奇怪 qíguài 이상하다

惭愧 cánkuì 부끄럽다

정답을 맞혀보면서 5번 입으로 읽어보세요　1　2　3　4　5

1　하나도 안 못생겼어.	一点儿都不丑。 Yìdiǎnr dōu bù chǒu.
2　하나도 냄새 안 나.	一点儿都不臭。 Yìdiǎnr dōu bú chòu.
3　하나도 안 세련됐어.	一点儿都不时尚。 Yìdiǎnr dōu bù shíshàng.
4　하나도 안 이상해.	一点儿都不奇怪。 Yìdiǎnr dōu bù qíguài.
5　하나도 안 부끄러워.	一点儿都不惭愧。 Yìdiǎnr dōu bù cánkuì.

★리얼tip★

不는 뒤에 오는 단어의 성조에 따라서 2성이 되기도 하고, 4성이 되기도 하기 때문에 성조에 주의하며 읽어야 해요. (뒤에 오는 단어가 4성이면 2성, 나머지 성조면 4성)

말중작 업그레이드　　동사 넣어 활용해보기: 하나도 몰라.

주어	기타등등	동사	목적어
	하나도 안	알아	
	一点儿都不 Yìdiǎnr dōu bù	知道 zhīdào	

말중작 해보기(2)

1. 하나도 안 **부러워**.

2. 하나도 안 **후회해**.

3. 하나도 안 **무서워**.

4. 하나도 **이해 안 가**.

5. **다른 사람을** 하나도 **생각** 안 **해**.

참고 단어

羡慕 xiànmù 부러워하다

后悔 hòuhuǐ 후회하다

害怕 hàipà 두려워하다

明白 míngbai 이해하다

考虑 kǎolǜ 고려(하다)

别人 biérén 다른 사람

말중작 정답(2)

정답을 맞혀보면서 5번 입으로 읽어보세요   1   2   3   4   5

1	하나도 안 부러워.	一点儿都不羡慕。 Yìdiǎnr dōu bú xiànmù.
2	하나도 안 후회해.	一点儿都不后悔。 Yìdiǎn dōu bú hòuhuǐ.
3	하나도 안 무서워.	一点儿都不害怕。 Yìdiǎn dōu bú hàipà.
4	하나도 이해 안 가.	一点儿都不明白。 Yìdiǎn dōu bù míngbai.
5	다른 사람을 하나도 생각 안 해.	一点儿都不考虑别人。 Yìdiǎnr dōu bù kǎolǜ biérén.

답정너로 상황 연습

상황1	A: 이런 결말은 정말 생각도 못 했어.　　　　B: 왜 그래? 남자친구랑 헤어졌어? A: 무슨 생각 하는 거야, 나 한국 드라마 〈태양의 후예〉 얘기하는 건데. B: 나는 너랑 남자친구랑 헤어진 줄 알았어. 아 맞다, 듣자 하니까 송혜교랑 송중기 정말 사귄대. 부러워. A: 뭐가 부러워. 하나도 안 부러워.
상황2	A: 너 뭘 고민하는 거야? B: 이 하얀색 셔츠 예쁘지? 사 아니면 사지 마? 너무 고민돼. 가격이 좀 비싸지? A: 하나도 안 비싸. 그런데... 네가 이런 스타일을 좋아할 거라고는 생각도 못 했어. 게다가 내 생각에 하나도 안 세련됐어. 만약 네가 정말 산다면, 반드시 후회할 거야.
상황3	A: 너 추위 안타? 어떻게 또 미니스커트를 입고 출근을 했어? B: 오늘 추워? 나 추위 하나도 안 타.

참고 단어

结局 jiéjú 결말 ❙ 韩剧 hánjù 한국드라마 ❙ 太阳的后裔 tàiyáng de hòuyì (드라마)태양의 후예
宋慧乔 Sòng Huìqiáo 송혜교 ❙ 宋钟基 Sòng Zhōngjī 송중기 ❙ 在一起 zài yìqǐ 사귀다 ❙ 衬衫 chènshān 와이셔츠
迷你裙 mínǐqún 미니스커트 ❙ 怕冷 pà lěng 추위 타다

상황1	A: **这结局**我真没想到。　　　　　B: 怎么了？跟男朋友分手了吗？ Zhè jiéjú wǒ zhēn méi xiǎngdào.　　　Zěnme le? Gēn nánpéngyǒu fēn shǒu le ma? A: 你想什么呢？我说韩剧《太阳的后裔》呢。 Nǐ xiǎng shénme ne? Wǒ shuō hánjù《tàiyáng de hòuyì》ne. B: 我以为你跟你男朋友分手了。 목적어를 강조할 때 문장의 맨 앞으로 빼서 얘기할 수 있어요. Wǒ yǐwéi nǐ gēn nǐ nánpéngyǒu fēn shǒu le. 对了，听说宋慧乔和宋钟基真的在一起了。羡慕嫉妒恨。 Duì le, tīngshuō Sòng Huìqiáo hé Sòng Zhōngjī zhēnde zài yìqǐ le. Xiànmù jídù hèn. A: 羡慕什么啊，**一点儿都不**羡慕。 Xiànmù shénme a, yìdiǎnr dōu bú xiànmù.
상황2	A: 你纠结什么呢？ Nǐ jiūjié shénme ne? B: 这件白色衬衫漂亮吧？ 买还是不买，很纠结。价格有点儿贵吧？ Zhè jiàn báisè chènshān piàoliang ba? Mǎi háishi bù mǎi, hěn jiūjié. Jiàgé yǒudiǎnr guì ba? A: **一点儿都不**贵。不过真没想到你会喜欢这种款式， Yìdiǎnr dōu bú guì. Búguò zhēn méi xiǎngdào nǐ huì xǐhuan zhè zhǒng kuǎnshì, 而且我觉得**一点儿都不**时尚。如果你真的买，一定会后悔。 érqiě wǒ juéde yìdiǎnr dōu bù shíshàng. Rúguǒ nǐ zhēnde mǎi, yídìng huì hòuhuǐ.
상황3	A: 你不怕冷吗？怎么又穿着迷你裙上班了？ Nǐ bú pà lěng ma? Zěnme yòu chuānzhe mínǐqún shàng bān le? B: 今天冷吗？我**一点儿都不**怕冷。 Jīntiān lěng ma? Wǒ yìdiǎnr dōu bú pà lěng.

중국인들 활용법

一点儿都不麻烦。
Yìdiǎn dōu bù máfan.
하나도 안 귀찮아요.

理发一点儿都不好玩儿。
Lǐ fà yìdiǎn dōu bù hǎowánr.
머리 자르는 것은 하나도 재미없어요.

麻烦 máfan 번거롭다

理发 lǐ fà 이발하다

好玩儿 hǎowánr 재미있다

동사+보어(결과, 방향)의 사이에 得를 붙이면 '~할 수 있다', 不를 붙이면 '~할 수 없다'라는 뜻의 가능 보어가 돼요.

드라마 속에서 쓰인 오늘의 패턴

5번 입으로 읽어보세요 1   2   3   4   5

A: 你什么都想**不**起来了？
Nǐ shénme dōu xiǎng bu qǐlái le?
너 아무것도 생각 안 나?

B: 想**不**起来。
Xiǎng bu qǐlái.
생각 안 나.

A: 真的。。。**一点儿都**想**不**起来了？
Zhēnde... yìdiǎnr dōu xiǎng bu qǐlái le?
진... 짜.... 조금도 생각 안 나?

B: 我想一想。。。
Wǒ xiǎng yi xiǎng.
내가 생각 좀 해볼게.

想起来
xiǎng qǐlái 생각나다

★리얼tip★ 술 마시고 전날 상황을 기억 못 하는 친구와의 대화인데요. 지금처럼 '필름 끊기는 것'을 중국어로는 喝断
片 hē duànpiàn 이라고 해요.

9 곧 배고파 죽을 것 같아, 뭘 먹는 게 좋을까?

아는 단어, 문장 끄집어내 직접 적어보기

▶ _____

_____

▶ _____

_____

오늘의 표현	곧~ 할 것 같아. **快(要)~了。** kuài (yào) ... le.

> 형용사 뒤에 死了를 붙이면
> '~해서 죽겠다'라는 뜻이 돼요.

주어	기타등등	형용사
	곧	배고파 죽다
	快 Kuài	**饿死了** è sǐle

★리얼tip★
要~了，快(要)~了，就要~了 모두 '곧~ 할 것 같아'라는 뜻이에요. 시간의 촉박함을 강조하고 싶다면 快，就 붙일 수 있는데, 快(要)~了는 시간을 나타내는 표현과 함께 쓰지 않는 게 특징이에요.

말중작 해보기

1. 곧 얼어 죽을 것 같아.

2. 곧 방학이야.

3. 곧 출시돼.

4. 곧 국수 먹을 수 있어. (곧 결혼해)

5. 곧 새해(구정)야.

참고 단어

冻 dòng 얼다

放假 fàng jià 방학하다

上市 shàng shì 출시되다

喜糖 xǐtáng 결혼사탕

过年 guò nián 새해 맞다

정답을 맞혀보면서 5번 입으로 읽어보세요 1   2   3   4   5

1 곧 얼어 죽을 것 같아.	快冻死了。 Kuài dòng sǐle.
2 곧 방학이야.	快放假了。 Kuài fàng jià le.
3 곧 출시돼.	快上市了。 Kuài shàng shì le.
4 곧 국수 먹을 수 있어.(곧 결혼해)	快能吃喜糖了。 （=快结婚了。） Kuài néng chī xǐtáng le. (= Kuài jié hūn le.)
5 곧 새해(구정)야.	快过年了。 Kuài guò nián le.

말중작 업그레이드   곧 배고파 죽을 것 같아, 뭘 먹는 게 좋을까?

주어	기타등등	형용사	(문장 맨 뒤)
뭘 먹는 것이		좋을까?	
吃什么 Chī shénme		**好** hǎo	**呢?** ne?

★리얼tip★
'뭘(무엇을) 먹는다'라는 문장 전체가 주어가 된 형태예요. 문장이 주어, 목적어 자리에 들어갈 수 있다는 점을 기억하고, 연습해보세요.

의문사(谁, 什么时候, 哪儿, 什么, 怎么 등)가 쓰인 문장 뒤에 呢를 붙이면 강조해 묻는 뉘앙스가 돼요.

말중작 해보기(2)

1. 곧 배고파 죽을 것 같아, 뭘 먹는 게 좋을까?

2. 곧 얼어 죽을 것 같아, 뭘 입는 게 좋을까?

참고 단어

穿 chuān 입다

礼物 lǐwù 선물

3. 곧 출시돼, 언제 사는 게 좋을까?

4. 곧 그녀의 국수 먹을 수 있어(그녀 곧 결혼해), 무슨 선물을 사는 게 좋을까?

5. 곧 방학이야, 어디 가는 게 좋을까?

정답을 맞혀보면서 5번 입으로 읽어보세요   1   2   3   4   5

1	곧 배고파 죽을 것 같아, 뭘 먹는 게 좋을까?	快饿死了，吃什么好呢? Kuài è sǐle, chī shénme hǎo ne?
2	곧 얼어 죽을 것 같아, 뭘 입는 게 좋을까?	快冻死了，穿什么好呢? Kuài dòng sǐle, chuān shénme hǎo ne?
3	곧 출시돼, 언제 사는 게 좋을까?	快上市了，什么时候买好呢? Kuài shàng shì le, shénmeshíhòu mǎi hǎo ne?
4	곧 그녀 국수 먹을 수 있어, 무슨 선물 사 좋을까?	快能吃她的喜糖了，买什么礼物好呢? Kuài néng chī tā de xǐtáng le, mǎi shénme lǐwù hǎo ne?
5	곧 방학이야, 어디 가는 게 좋을까?	快放假了，去哪儿好呢? Kuài fàng jià le, qù nǎr hǎo ne?

답정너로 상황 연습

상황1	비행기가 곧 이륙합니다. 잘 앉아(착석) 해주시고, 안전벨트를 잘 매고 등받이 의자와 테이블은 접어 주세요. 비행 중 금연입니다.
상황2	A: 너 다리 왜 그래? B: 나 입구에서 차에 치었어. 하마터면 죽을 뻔했어. A: 맙소사, 괜찮아? B: 의사 선생님이 상처가 곧 아물 거라고 했어.
상황3	A: 아이폰이 곧 출시되는데, 살까 아니면 사지 말까? 정말 고민이야. 만약에 사면 무슨 색을 사는 게 좋지? B: 어떻게 또 핸드폰을 바꿀 생각을 할 수가 있어? 개 버릇 남 못 준다더니. 돈 아껴서 집사!!! A: 너 말이 너무 심하다. 난 네가 날 이해할 거라고 생각했는데.

참고 단어

起飞 qǐfēi 이륙하다 ǀ 系安全带 jì ānquándài 안전 벨트 매다 ǀ 收起 shōuqǐ 접다 ǀ 小桌板 xiǎo zhuōbǎn 미니 테이블 ǀ 飞行 fēixíng 비행(하다) ǀ 途中 túzhōng 도중 ǀ 吸烟 xī yān 담배를 피우다 ǀ 腿 tuǐ 다리 ǀ 伤口 shāngkǒu 상처 ǀ 愈合 yùhé 아물다 ǀ 爱疯手机 àifēng shǒujī 아이폰 ǀ 省 shěng 아끼다 ǀ 过分 guò fèn 지나치다 ǀ 理解 lǐjiě 이해하다

상황1	飞机**快**起飞**了**。请您坐**好**，系**好**安全带，收起小桌板。 Fēijī kuài qǐfēi le. Qǐng nín zuòhǎo, jìhǎo ānquándài, shōu qǐ xiǎo zhuōbǎn. 在飞行途中请不要吸烟。 Zài fēixíng túzhōng qǐng búyào xī yān.
상황2	A: 你的腿怎么了? Nǐ de tuǐ zěnme le? B: **我在门口被车撞了**。差点儿死了。（= 差点儿没死。） Wǒ zài ménkǒu bèi chē zhuàng le. Chàdiǎn sǐ le.　(Chàdiǎnr méi sǐ.) A: 天啊，没事儿吗? Tiān a, méishìr ma? B: 医生说伤口**快**愈合**了**。 Yīshēng shuō shāngkǒu kuài yùhé le.
상황3	A: 爱疯手机**快**上市**了**。买还是不买，很纠结。 àifēng shǒujī kuài shàng shì le. Mǎi háishi bù mǎi, hěn jiūjié. 如果买，买什么颜色**好呢?** Rúguǒ mǎi, mǎi shénme yánsè hǎo ne? B: 怎么又想换手机了? 狗改不了吃屎。省钱买房吧。 Zěnme yòu xiǎng huàn shǒujī le? Gǒu gǎi bu liǎo chī shǐ. Shěng qián mǎi fáng ba. A: 你说得太过分了。我以为你会理解我。 Nǐ shuō de tài guò fèn le. Wǒ yǐwéi nǐ huì lǐjiě wǒ.

동사 뒤에 好를 붙여 결과를 보충 설명하면
'동작한 결과 만족스럽게 잘 완료한다'라는
뉘앙스를 만들 수가 있어요.

중국어의 수동태
주어+ (被+대상)+동사+기타성분
주어가 대상에 의해 동사 당하다

我**快**穷死**了**。
Wǒ kuài qióng sǐle.
나 곧 가난해 죽을 것 같아.
(손가락 빨기 일보 직전이야.)

快崩溃**了**。
Kuài bēngkuì le.
나 곧 미쳐버릴 것 같아(멘붕이야).

穷 qióng 가난하다

崩溃 bēngkuì (신조어) 멘붕이다

A: 我说老庞啊，什么时候你说话那声音温柔一点儿啊?
Wǒ shuō Lǎopáng a, shénmeshíhòu nǐ shuō huà nà shēngyīn wēnróu yìdiǎnr a?
라오팡, 언제쯤 말할 때 소리 부드럽게 할 거야?

心脏病都快被你吓出来了。
Xīnzàngbìng dōu kuài bèi nǐ xià chūlái le.
심장병이 놀라서 나올 뻔했잖아.(깜짝 놀랐어)

한국어의 '애 떨어질 뻔했잖아' 같은 말이 오늘 나온 '심장병이
놀라서 나올 뻔했잖아' 에요.
종종 다른 중국 영화에서도 들리는 표현이니까 꼭 기억해두세요.

声音 shēngyīn 소리 | 温柔 wēnróu 부드럽다 | 心脏病 xīnzàngbìng 심장병 | 吓 xià 놀라다

10 이렇게 추운데, 감기 안 걸리는 게 이상하지.

아는 단어, 문장 끄집어내 직접 적어보기

▶ _____

_____

▶ _____

오늘의 표현	~게 이상하지.
	~才怪呢。 ... cái guài ne.

주어	기타등등	형용사	(문장 맨 뒤)
감기 안 걸리는 것이	비로소	이상하지	
不感冒 Bù gǎnmào	**才** cái	**怪** guài	**呢** ne

말중작 해보기

1. **인기 없으**면 이상하지.

2. **맛없으**면 이상하지.

3. **안 뚱뚱한** 게 이상하지.

4. **안 마른** 게 이상하지.

5. **감동 안 하**면 이상하지.

참고 단어

火 huǒ 인기 있다

胖 pàng (몸이) 뚱뚱하다

瘦 shòu 마르다

感动 gǎndòng 감동하다

정답을 맞혀보면서 5번 입으로 읽어보세요   1   2   3   4   5

1 인기 없으면 이상하지.	不火才怪呢。 Bù huǒ cái guài ne.
2 맛없으면 이상하지.	不好吃才怪呢。 Bù hǎochī cái guài ne.
3 안 뚱뚱한 게 이상하지.	不胖才怪呢。 Bú pàng cái guài ne.
4 안 마른 게 이상하지.	不瘦才怪呢。 Bú shòu cái guài ne.
5 감동 안하면 이상하지.	不感动才怪呢。 Bù gǎndòng cái guài ne.

★리얼tip★

不는 뒤에 오는 단어의 성조에 따라서 2성이 되기도 하고, 4성이 되기도 하기 때문에 성조에 주의하며 읽어야 해요. (뒤에 오는 단어가 4성이면 2성, 나머지 성조면 4성)

말중작 업그레이드   이렇게 추운데, 감기 안걸리는 게 이상하지.

주어	기타등등	형용사
	이렇게	춥다
	这么 Zhème	冷 lěng

말중작 해보기(2)

1. 이렇게 추운데, 감기 안 걸리는 게 이상하지.

2. 한드(한국드라마)가 이렇게 재밌는데, 인기 없는 게 이상하지.

3. 맛이 이렇게 자극적인데(짜고, 맵고), 맛 없는 게 이상하지.

4. 이렇게 열심히 하는데, 안 마른 게 이상하지.

5. 이렇게 정성인데, 감동 안 받는 게 이상하지.

참고 단어

韩剧 hánjù 한국 드라마

有趣 yǒuqù 재미있다

味道 wèidao 맛

重 zhòng (맛이) 강하다

努力 nǔlì 노력하다

诚心诚意
chéngxīnchéngyì 성심성의

정답을 맞혀보면서 5번 입으로 읽어보세요   1   2   3   4   5

1	이렇게 추운데, 감기 안 걸리는 게 이상하지.	这么冷，不感冒才怪呢。 Zhème lěng, bù gǎnmào cái guài ne.
2	한드가 이렇게 재밌는데, 인기 없는 게 이상하지.	韩剧这么有趣，不火才怪呢。 Hánjù zhème yǒuqù, bù huǒ cái guài ne.
3	맛이 이렇게 자극적인데, 맛 없는 게 이상하지.	味道这么重，不好吃才怪呢。 Wèidao zhème zhòng, bù hǎochī cái guài ne.
4	이렇게 열심히 하는데, 안 마른 게 이상하지.	这么努力，不瘦才怪呢。 Zhème nǔlì, bú shòu cái guài ne.
5	이렇게 정성인데, 감동 안 받는 게 이상하지.	这么诚心诚意的，不感动才怪呢。 Zhème chéngxīnchéngyì de, bù gǎndòng cái guài ne.

답정너로 상황 연습

상황1	A: 너 중국어 유창하게 한다. 정말 부러워. 중국어 하는 거 너한테 있어서 식은 죽 먹기지? B: 나 중국어 오랫동안 꾸준히 공부하는 중이야. 이렇게 노력하는데 말 못 하는 게 이상한 거지.
상황2	A: 듣자 하니까 东东이 부인이 암에 걸렸대. B: 东东이 매일 담배 피우잖아, 부인은 계속 간접 흡연하는데, 병 안 걸리는 게 이상하지. A: 부인이 암에 걸렸잖아. 东东이는 금연했지? B: 아니, 걔 버릇 남 못 주잖아.
상황3	A: 너 안 추워? 어떻게 미니스커트를 입은 채로 출근을 했어? B: 하나도 안 추워. 게다가 나 오늘 소개팅 가. 그가 나 안 좋아하면 어쩌지? A: 뭐가 긴장돼. 너 활발하고 예쁜데, 안 좋아하는 게 이상하지.

참고 단어

妻子 qīzi 아내 ǀ 得癌症 dé áizhèng 암에 걸리다 ǀ 抽烟 chōu yān 담배를 피우다 ǀ 二手烟 èrshǒuyān 간접 흡연
得病 dé bìng 병에 걸리다 ǀ 戒烟 jiè yān 금연하다 ǀ 相亲 xiāng qīn 선 보다(소개팅 하다) ǀ 紧张 jǐnzhāng 긴장되다
活泼 huópō 활발하다

상황1	A: 你汉语说得真流利。真羡慕。说汉语对你来说是小菜一碟吧？ Nǐ Hànyǔ shuō de zhēn liúlì. Zhēn xiànmù. Shuō Hànyǔ duì nǐ láishuō shì xiǎocàiyìdié ba? B: 我坚持学了很长时间汉语了。这么努力，说得不好才怪呢。 Wǒ jiānchí xuéle hěn cháng shíjiān Hànyǔ le. Zhème nǔlì, shuō de bù hǎo cái guài ne.
상황2	A: 听说东东的妻子得癌症了。 Tīngshuō Dōngdōng de qīzi dé áizhèng le. B: 东东每天抽烟，妻子一直抽二手烟，不得病才怪呢。 Dōngdōng měitiān chōu yān, qīzi yìzhí chōu èrshǒuyān, bù dé bìng cái guài ne. A: 妻子得癌症了，东东戒烟了吧？ Qīzi dé áizhèng le, Dōngdōng jiè yān le ba? B: 没有，狗改不了吃屎嘛。 Méiyǒu, gǒu gǎi bu liǎo chī shǐ ma.
상황3	A: 你不冷吗？怎么穿着迷你裙上班了？ Nǐ bù lěng ma? Zěnme chuānzhe mínǐqún shàng bān le? B: 一点儿都不冷，而且我今天去相亲。他不喜欢我怎么办？ Yìdiǎnr dōu bù lěng, érqiě wǒ jīntiān qù xiāng qīn. Tā bù xǐhuan wǒ zěnme bàn? A: 紧张什么呀？你又活泼又漂亮，不喜欢你才怪呢。 Jǐnzhāng shénme ya? Nǐ yòu huópō yòu piàoliang, bù xǐhuan nǐ cái guài ne.

중국인들 활용법

小朋友　xiǎopéngyǒu
꼬마 친구

醉　zuì 취하다, 빠지다

小朋友不爱吃才怪呢。
Xiǎopéngyǒu bú ài chī cái guài ne.
꼬마 친구들이 (먹기) 싫어하면 이상하죠.

太美了，看了你不醉才怪呢。
Tài měi le, kàn le nǐ bú zuì cái guài ne.
너무 아름다워요, 보고 빠지지 않으면 그게 이상한 거예요.

드라마 속에서 쓰인 오늘의 패턴　　5번 입으로 읽어보세요　1　2　3　4　5

A: 怎么了？
Zěnme le?
왜 그래?

B: 我怎么觉得店长好像有点儿不喜欢我呀？
Wǒ zěnme juéde diànzhǎng hǎoxiàng yǒudiǎnr bù xǐhuan wǒ ya?
나 왜 점장님이 나를 좀 싫어하는 거 같단 생각이 들지?

A: 这有什么奇怪的呀？你的网店交易分走了她的提成，她会喜欢你才怪呢。
Zhè yǒu shénme qíguài de ya? Nǐ de wǎngdiàn jiāoyì fēnzǒule tā de tíchéng, tā huì xǐhuan nǐ cái guài ne.
그게 뭐가 이상해. 너 인터넷 쇼핑몰 거래 때문에 점장님 인센티브가 줄었는데 너를 좋아하는 게 이상하지.

店长 diànzhǎng 점장 | 好像 hǎoxiàng 마치 …과 같다 | 奇怪 qíguài 이상하다 | 网店 wǎngdiàn 온라인 쇼핑몰
交易 jiāoyì 거래 | 提成 tíchéng 인센티브 (성과급)

묶어보기

다음 한글을 보고 중국어로 말해보세요.

	패턴(한국어문장)	말중작
1	10년을 공부했어요, 중국어 하기는 식은 죽 먹기예요.	
2	이 과자는 고소하고 바삭해, 근데 내 스타일은 아니야.	
3	어떻게 생각을 또 바꿨어? 개 버릇 남 못 준다더니.	
4	(일) 관둬 말아? 결정 장애야.	
5	나는 네가 20대 초반인 줄 알았어, 돼지띠라고는 상상도 못 했어.	
6	어머나, 너 정말 일찍 깼다.	
7	하마터면 (차) 사고 날 뻔했어.	
8	하나도 안 멋있어.	
9	곧 배고파 죽을 것 같아, 뭘 먹는 게 좋을까?	
10	이렇게 추운데, 감기 안 걸리는 게 이상하지.	

묶어보기(답안)

정답을 맞혀보면서 5번 입으로 읽어보세요   1   2   3   4   5

	패턴(한국어문장)	말중작
1	10년을 공부했어요, 중국어 하기는 식은 죽 먹기예요.	学了十年(了)，说汉语是小菜一碟。
2	이 과자는 고소하고 바삭해, 근데 내 스타일은 아니야.	这个饼干又香又脆，不过不是我的菜。
3	어떻게 생각을 또 바꿨어? 개 버릇 남 못 준다더니.	怎么又改变主意了？狗改不了吃屎。
4	(일) 관둬 말아? 결정 장애야.	辞职还是不辞职？很纠结。
5	나는 네가 20대 초반인 줄 알았어, 돼지띠라고는 상상도 못 했어.	我以为你是20出头，真没想到你会属猪。
6	어머나, 너 정말 일찍 깼다.	(我的)天啊，醒得很早。
7	하마터면 (차) 사고 날 뻔했어.	差点儿撞车了＝差点儿没撞车。
8	하나도 안 멋있어.	一点儿都不酷。
9	곧 배고파 죽을 것 같아, 뭘 먹는 게 좋을까?	快饿死了，吃什么好呢？
10	이렇게 추운데, 감기 안 걸리는 게 이상하지.	这么冷，不感冒才怪呢。

11 저와 여동생은 성격 차이가
무시무시하게 많이 나요.

아는 단어, 문장 끄집어내 직접 적어보기

▶ _____

_____

▶ _____

_____

오늘의 표현	**차이(가 나다)** **相差** xiāngchà

주어	기타등등	동사(술어)
저와 여동생은		성격 차이가+ 많아요
我和妹妹 Wǒ hé mèimei		性格相差很多 xìnggé xiāngchà hěn duō

★리얼tip★
술어(동사/형용사) 자리에 주어+술어가 들어가는 형식을 '주술 술어문'이라고 해요. '그녀"는" 성적"이" 좋
다' 같은 형태의 문장이 대표적인 주술 술어문 문장이에요.

말중작 해보기

1. 저와 남편은 나이차가 많이 나요.

2. 그의 얼굴은 예전과 차이가 많이 나요.

3. 현실과 이상은 차이가 많이 나요.

4. 사진과 실물은 색깔이 차이가 많이 나요.

5. 저와 남편은 키 차이가 많이 나요.

참고 단어

丈夫 zhàngfu 남편

年龄 niánlíng 나이

现实 xiànshí 현실

理想 lǐxiǎng 이상

照片 zhàopiàn 사진

颜色 yánsè 색깔

实物 shíwù 실물

身高 shēngāo 키, 신장

정답을 맞혀보면서 5번 입으로 읽어보세요 1   2   3   4   5

1 저와 남편은 나이차가 많이 나요.	我和丈夫年龄相差很多。 Wǒ hé zhàngfu niánlíng xiāngchà hěn duō.
2 그의 얼굴은 예전과 차이가 많이 나요.	他的脸和以前相差很多。 Tā de liǎn hé yǐqián xiāngchà hěn duō.
3 현실과 이상은 차이가 많이 나요.	现实和理想相差很多。 Xiànshí hé lǐxiǎng xiāngchà hěn duō.
4 사진과 실물은 색깔이 차이가 많이 나요.	照片和实物颜色相差很多。 Zhàopiàn hé shíwù yánsè xiāngchà hěn duō.
5 저와 남편은 키 차이가 많이 나요.	我和丈夫身高相差很多。 Wǒ hé zhàngfu shēngāo xiāngchà hěn duō.

말중작 업그레이드   저와 여동생은 나이가 12살 차이 나요.

주어	기타등등	동사
저와 여동생은		나이 차이가+12살
我和妹妹 Wǒ hé mèimei		年龄相差十二岁 niánlíng xiāngchà shí'èr suì

★리얼tip★
很多 자리에 구체적인 수치를 붙일 수도 있어요. '12세, 12cm, 두 자릿수' 같은 다양한 구체적 수치를 붙여 보세요.

말중작 해보기(2)

1. 저와 남편은 나이가 12살 차이나요.

2. 저와 남편은 나이가 두 자릿수 차이나요.

3. 저와 남편은 나이가 무시무시하게 차이나요.

4. 저와 남편은 키가 20cm 차이나요.

5. 저와 남편은 키가 무시무시하게 차이나요.

참고 단어

厘米 límǐ 센티미터

位数 wèishù 자릿수

十万八千里 shíwànbāqiānlǐ
차이가 매우 크다

51

말중작 정답(2)

정답을 맞혀보면서 5번 입으로 읽어보세요   1   2   3   4   5

1	저와 남편은 나이가 12살 차이나요.	我和丈夫年龄相差12岁。 Wǒ hé zhàngfu niánlíng xiāngchà shí'èr suì.
2	저와 남편은 나이가 두 자릿수 차이나요.	我和丈夫年龄相差两位数。 Wǒ hé zhàngfu niánlíng xiāngchà liǎng wèishù.
3	저와 남편은 나이가 무시무시하게 차이나요.	我和丈夫年龄相差十万八千里。 Wǒ hé zhàngfu niánlíng xiāngchà shíwànbāqiānlǐ.
4	저와 남편은 키가 20cm 차이나요.	我和丈夫身高相差20厘米。 Wǒ hé zhàngfu shēngāo xiāngchà èrshí límǐ.
5	저와 남편은 키가 무시무시하게 차이나요.	我和丈夫身高相差十万八千里。 Wǒ hé zhàngfu shēngāo xiāngchà shíwànbāqiānlǐ.

답정너로 상황 연습

상황1	A: 듣자 하니까 비트코인이 요즘 인기래. 너도 비트코인에 관심 있어? B: 나는 관심 없어. A: 진짜? 내 친구 지금이랑 예전이랑 생활 차이가 많이 나.
상황2	A: 너 남자친구 생겼지? 요즘 예쁘게 꾸미네. B: 응, 나 남자친구 생겼어. 근데 우리 나이 차이가 무시무시하게 나. A: 몇 살 차이 나는데? 두 자릿수 차이 나는 건 아니겠지?
상황3	A: 여보세요, 안녕하세요. 지난주 토요일에 산 옷, 저 받았는데요. 사진이랑 실물 색깔이 차이 나네요. 환불 가능한가요? B: 가능합니다. 저에게 당신의 이름을 알려주세요.

참고 단어

比特币 bǐtèbì 비트코인 | 感兴趣 gǎn xìngqù 흥미를 느끼다 | 生活 shēnghuó 생활(하다) | 打扮 dǎban 치장하다
收到 shōudào 받다 | 退 tuì 무르다, 반환하다 | 告诉 gàosu 알리다

상황1	A: 听说最近比特币特别火。你也对比特币感兴趣吗? Tīngshuō zuìjìn bǐtèbì tèbié huǒ. Nǐ yě duì bǐtèbì gǎn xìngqù ma? B: 我不感兴趣。 Wǒ bù gǎn xìngqù. A: 真的? 我朋友现在和以前生活**相差很多**。 Zhēnde? Wǒ péngyou xiànzài hé yǐqián shēnghuó xiāngchà hěn duō.
상황2	A: 你有男朋友了吧? 最近打扮得很漂亮。 Nǐ yǒu nánpéngyǒu le ba? Zuìjìn dǎban de hěn piàoliang. B: 嗯, 我有男朋友了! 不过我们年龄**相差十万八千里**。 èng, wǒ yǒu nánpéngyǒu le! Búguò wǒmen niánlíng xiāngchà shíwànbāqiānlǐ. A: 相差几岁? 不会 (年龄) **相差两位数**吧? Xiāngchà jǐ suì? Bú huì (niánlíng) xiāngchà liǎng wèishù ba?
상황3	A: 喂, 您好。星期六买的衣服我收到了。 Wéi, nín hǎo. Xīngqīliù mǎi de yīfu wǒ shōudào le. 不过照片和实物颜色**相差很多**。能退吗? Búguò zhàopiàn hé shíwù yánsè xiāngchà hěn duō. Néng tuì ma? B: 可以, 请告诉我您的名字。 Kěyǐ, qǐng gàosu wǒ nín de míngzi.

중국인들 활용법

참고 단어

感觉 gǎnjué 느낌

姐弟恋 jiědìliàn
연상연하 커플

为什么给人的感觉**相差**这么多?
Wèishénme gěi rén de gǎnjué xiāngchà zhème duō?
왜 사람들한테 풍기는 느낌이 이렇게 다른 걸까요?

相差4岁的姐弟恋
Xiāngchà sì suì de jiědiliàn
4세 차이나는 연상연하 커플

드라마 속에서 쓰인 오늘의 패턴　5번 입으로 읽어보세요　1　2　3　4　5

A: 还是你自己肯努力, 愿意从最简单的事情做起。在别人眼里当老板容易,
　Háishi nǐ zìjǐ kěn nǔlì, yuànyì cóng zuì jiǎndān de shìqing zuò qǐ. Zài biérén yǎn lǐ dāng lǎobǎn róngyì,
　이렇게 스스로 노력하려고 하고, 밑바닥부터 시작하기를 원하잖아. 다른 사람들이 보기에 사장이 쉬운 것 같지만,

其实这知道不知道、做过没做过。。。中间差了**十万八千里**。
qíshí zhè zhīdào bu zhīdào、zuòguo méi zuòguo... Zhōngjiān chà le shíwànbāqiānlǐ.
사실 알고 모르고, 해보고 안 해보고 사이에는 엄청난 차이가 있는 거란다.

肯 kěn 기꺼이 ···(하려) 하다 | 愿意 yuànyì ···하기를 바라다 | 眼里 yǎn lǐ 안중 | 老板 lǎobǎn 사장

容易 róngyì 쉽다 | 中间 zhōngjiān 가운데

12 키가 작아도 괜찮아요,
비율이 관건이에요

▶ _____

▶ _____

_____

오늘의 표현	괜찮아요. **不要紧** bú yàojǐn

주어	기타등등	형용사
키가 작다	안	중요하다
个子矮 Gèzi ǎi	**不** bú	**要紧** yàojǐn

★리얼tip★

'중요하다'라는 단어는 重要 zhòngyào 라는 단어가 더 익숙한데요, '괜찮아~ 중요하지 않아~'라는 뉘앙스로 要紧도 사용해요. HSK 5급 시험에서도 등장했던 만큼, 회화와 시험을 위해 꼭 암기해보세요.

말중작 해보기

1. 집이 가난해도 괜찮아요.

2. 시합 결과가 좋지 않아도 괜찮아요.

3. 몸매가 완벽하지 않아도 괜찮아요.

4. 업무 스트레스가 많아도 괜찮아요.

5. 노래 부를 때 음이탈해도 괜찮아요.

참고 단어

穷 qióng 가난하다

比赛 bǐsài 시합

结果 jiéguǒ 결과

身材 shēncái 몸매

完美 wánměi 흠잡을 데가 없다

压力 yālì 스트레스

唱歌 chàng gē 노래 부르다

走音 zǒu yīn 음이탈(하다)

정답을 맞혀보면서 5번 입으로 읽어보세요 1   2   3   4   5

1 집이 가난해도 괜찮아요.	家里穷不要紧。 Jiā lǐ qióng bú yàojǐn.
2 시합 결과가 좋지 않아도 괜찮아요.	比赛结果不好不要紧。 Bǐsài jiéguǒ bù hǎo bú yàojǐn.
3 몸매가 완벽하지 않아도 괜찮아요.	身材不完美不要紧。 Shēncái bù wánměi bú yàojǐn.
4 업무 스트레스가 많아도 괜찮아요.	工作压力大不要紧。 Gōngzuò yālì dà bú yàojǐn.
5 노래 부를 때 음이탈해도 괜찮아요.	唱歌走音不要紧。 Chàng gē zǒu yīn bú yàojǐn.

말중작 업그레이드   ~이 관건이에요.
关键的是~ guānjiàn de shì...

주어	기타등등	동사	목적어
중요한 것은		입니다	비율
关键的 Guānjiàn de		**是** shì	**比例** bǐlì

★리얼tip★
关键 대신에 '중요하다'라는 뜻을 가진 要紧, 重要를 넣어서 활용해도 되겠죠? 다양하게 활용해보세요.

말중작 해보기(2)

1. 키가 작아도 괜찮아요, 비율이 관건이에요.

2. 몸매가 완벽하지 않아도 괜찮아요, 비율이 관건이에요.

참고 단어

比例 bǐlì 비율

3. 시합 결과가 좋지 않아도 괜찮아요, 과정이 관건이에요.

能力 nénglì 능력

过程 guòchéng 과정

4. 집이 가난해도 괜찮아요, 능력이 관건이에요.

感情 gǎnqíng 감정

5. 노래 부를 때 음이탈해도 괜찮아요, 감정이 관건이에요.

정답을 맞혀보면서 5번 입으로 읽어보세요   1   2   3   4   5

	한국어	中文
1	키가 작아도 괜찮아요, 비율이 관건이에요.	个子矮不要紧，关键的是比例。 Gèzi ǎi bú yàojǐn, guānjiàn de shì bǐlì.
2	몸매가 완벽하지 않아도 괜찮아요, 비율이 관건이에요.	身材不完美不要紧，关键的是比例。 Shēncái bù wánměi bú yàojǐn, guānjiàn de shì bǐlì.
3	시합 결과가 좋지 않아도 괜찮아요, 과정이 관건이에요.	比赛结果不好不要紧，关键的是过程。 Bǐsài jiéguǒ bù hǎo bú yàojǐn, guānjiàn de shì guòchéng.
4	집이 가난해도 괜찮아요, 능력이 관건이에요.	家里穷不要紧，关键的是能力。 Jiā lǐ qióng bú yàojǐn, guānjiàn de shì nénglì.
5	노래 부를 때 음이탈해도 괜찮아요, 감정이 관건이에요.	唱歌走音不要紧，关键的是感情。 Chàng gē zǒu yīn bú yàojǐn, guānjiàn de shì gǎnqíng.

답정너로 상황 연습

상황1	A: 너 남자친구 생겼어? B: 응, 근데 그는 키가 작아. 나이 차이도 많이 나. A: 키 작은 건 중요하지 않아. 중요한 건 능력이야. 사람을 외모로 평가하면 안 돼.
상황2	A: 나 계속 열심히 했는데, 이번 경기 졌어. 정말이지 마음이 아파. B: 경기 결과는 중요하지 않아. 중요한 건 과정이야.
상황3	A: 듣자 하니까 너 일자리를 (드디어) 찾았다며. B: 응, 나 괜찮은 일자리를 (드디어) 찾았어. A: 진짜? 대우가 괜찮으면, 업무 스트레스가 크겠지? B: 확실히 커. 근데 업무 스트레스가 많은 건 중요하지 않아. 나는 엄친아가 아니니까 월급이 중요해.

참고 단어

以貌取人 yǐmàoqǔrén 용모로 사람을 평가하다 ㅣ 心痛 xīntòng 마음이 아프다 ㅣ 待遇 dàiyù 대우

压力 yālì 스트레스 ㅣ 确实 quèshí 확실히 ㅣ 高富帅 gāofùshuài 엄친아 ㅣ 工资 gōngzī 월급

상황1	A: 你有男朋友了吗? Nǐ yǒu nánpéngyǒu le ma?
	B: 嗯，不过他个子矮，年龄相差也很多。 èng, búguò tā gèzi ǎi, niánlíng xiāngchà yě hěn duō.
	A: 个子矮**不要紧，关键的是**能力。不能以貌取人。 Gèzi ǎi bú yàojǐn, guānjiàn de shì nénglì. Bù néng yǐmàoqǔrén.
상황2	A: 我一直都很努力，不过这次比赛输了。真是心痛啊。 Wǒ yìzhí dōu hěn nǔlì, búguò zhè cì bǐsài shū le. Zhēnshi xīntòng a.
	B: 比赛结果**不要紧，关键的是**过程。 Bǐsài jiéguǒ bú yàojǐn, guānjiàn de shì guòchéng.
상황3	A: 听说你找到工作了。 Tīngshuō nǐ zhǎodào gōngzuò le.
	B: 嗯，我找到了一份不错的工作。 èng, wǒ zhǎodàole yí fèn búcuò de gōngzuò.
	A: 真的? 待遇不错的话，工作压力会很大吧? Zhēnde? Dàiyù búcuò de huà, gōngzuò yālì huì hěn dà ba?
	B: 确实很大，不过工作压力大**不要紧**。我不是高富帅，工资**要紧**呢。 Quèshí hěn dà, búguò gōngzuò yālì dà bú yàojǐn. Wǒ bú shì gāofùshuài, gōngzī yàojǐn ne.

중국인들 활용법

暖男 nuǎnnán 훈남

发烧 fā shāo 열이 나다

乱 luàn 함부로

帮倒忙 bāng dào máng
돕는다는 것이 오히려 방해가 되다

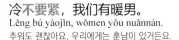

冷**不要紧**，我们有暖男。
Lěng bú yàojǐn, wǒmen yǒu nuǎnnán.
추워도 괜찮아요, 우리에게는 훈남이 있거든요.

孩子发烧**不要紧**，乱吃药才是帮倒忙。
Háizi fā shāo bú yàojǐn, luàn chī yào cái shì bāng dào máng.
아이가 열나는 건 괜찮아요, 함부로 약 먹는 것이야 말고 오히려 해가 돼요.

A: 我们关关啊，工作就是太认真了。老板让她下班，她都不下班。
　Wǒmen Guānguān a, gōngzuò jiùshì tài rènzhēn le. Lǎobǎn ràng tā xià bān, tā dōu bú xià bān.
　우리 꽌꽌이 일을 정말 너무 열심히 한다니까요. 사장님이 퇴근을 하라는 데도 안 하는 거 있죠.

B: 没关系，年轻人嘛。工作**要紧**，是吧?
　Méiguānxi, niánqīngrén ma. Gōngzuò yàojǐn, shì ba?
　괜찮아요. 젊은이잖아요. 일이 중요하죠, 그죠?

认真 rènzhēn 진지하다 **|** 老板 lǎobǎn 사장 **|** 下班 xià bān 퇴근하다 **|** 年轻人 niánqīngrén 젊은이

13

현대인에게 있어서, 혼자 밥 먹는 것은 일상이에요.

오늘의 표현	일상이에요. 家常便饭 jiāchángbiànfàn

주어	기타등등	동사	목적어
혼자 밥먹는 것은		입니다	일상
一个人吃饭 Yí ge rén chī fàn		是 shì	家常便饭 jiāchángbiànfàn

★리얼tip★

家常便饭의 원래 뜻은 '일상적으로 먹는 보통 식사'에요. '일상이다(일상 다반사)'라는 뜻으로도 활용해 보세요.

말중작 해보기

1. 성형은 일상이에요.

2. 야근은 일상이에요.

3. 늦잠 자는 것은 일상이에요.

4. 낮잠 자는 것은 일상이에요.

5. 밤새우는 것은 일상이에요.

> **참고 단어**
>
> 整容 zhěng róng 성형(하다)
>
> 加班 jiā bān 야근하다
>
> 睡懒觉 shuì lǎnjiào 늦잠 자다
>
> 睡午觉 shuì wǔjiào 낮잠 자다
>
> 熬夜 áo yè 밤새다

정답을 맞혀보면서 5번 입으로 읽어보세요 1   2   3   4   5

1 성형은 일상이에요.	整容是家常便饭。 Zhěng róng shì jiāchángbiànfàn.
2 야근은 일상이에요.	加班是家常便饭。 Jiā bān shì jiāchángbiànfàn.
3 늦잠 자는 것은 일상이에요.	睡懒觉是家常便饭。 Shuì lǎnjiào shì jiāchángbiànfàn.
4 낮잠 자는 것은 일상이에요.	睡午觉是家常便饭。 Shuì wǔjiào shì jiāchángbiànfàn.
5 밤새우는 것은 일상이에요.	熬夜是家常便饭。 áo yè shì jiāchángbiànfàn.

말중작 업그레이드   현대인에게 있어서, 혼자 밥 먹는 것은 일상이에요.

주어	기타등등	동사
	~에게	있어서
	对... Duì...	来说 lái shuō

말중작 해보기(2)

1. 현대인에게 있어서, 혼자 밥 먹는 것은 일상이에요.

2. 스타에게 있어서, 성형은 일상이에요.

3. 저에게 있어서, 야근은 일상이에요.

现代 xiàndài 현대
明星 míngxīng 스타
年轻人 niánqīngrén 젊은이
小孩儿 xiǎoháir 아이

4. 젊은이들에게 있어서, 늦잠 자는 것은 일상이에요.

5. 어린아이들에게 있어서, 밤새우는 것은 일상이에요.

정답을 맞혀보면서 5번 입으로 읽어보세요   **1   2   3   4   5**

1	현대인에게 있어서, 혼자 밥 먹는 것은 일상이에요.	对现代人来说，一个人吃饭是家常便饭。 Duì xiàndàirén lái shuō, yí ge rén chī fàn shì jiāchángbiànfàn.
2	스타에게 있어서, 성형은 일상이에요.	对明星来说，整容是家常便饭。 Duì míngxīng lái shuō, zhěng róng shì jiāchángbiànfàn.
3	저에게 있어서, 야근은 일상이에요.	对我来说，加班是家常便饭。 Duì wǒ lái shuō, jiā bān shì jiāchángbiànfàn.
4	젊은이들에게 있어서, 늦잠 자는 것은 일상이에요.	对年轻人来说，睡懒觉是家常便饭。 Duì niánqīngrén lái shuō, shuì wǔjiào shì jiāchángbiànfàn.
5	어린아이들에게 있어서, 밤새우는 것은 일상이에요.	对小孩儿来说，熬夜是家常便饭。 Duì xiǎoháir lái shuō, áo yè shì jiāchángbiànfàn.

답정너로 상황 연습

상황1	A: 듣자 하니까 수지랑 이민호 헤어졌대. 너 왜 그런지 알아? B: 내가 어떻게 알아. 내가 추측하기로는... 걔네 성격이 많이 차이 나서? A: 연예인이 매체에서 "성격 차이가 나요"라고 말하는 것은 일상이지.
상황2	A: 맙소사, 한국의 겨울 너무 추워. B: 한 자릿수 기온은 이미 일상이 됐어. 너 옷 많이 좀 입어.
상황3	A: 너 오늘 퇴근한 이후에 뭐 할 계획이야? B: 집에 가서 쉬어. 나에게 있어서 야근은 일상다반사야. 게다가 우리 집은 회사에서 무시무시하게 멀어. 나는 일반적으로 퇴근하자마자 바로 집에 가. 아무것도 안 해.

참고 단어

秀智 Xiùzhì 수지 ┃ 李民浩 Lǐ Mínhào 이민호 ┃ 估计 gūjì 예측하다 ┃ 媒体 méitǐ 매체 ┃ 位数 wèishù 자릿수
气温 qìwēn 기온 ┃ 休息 xiūxi 휴식(하다)

상황1	A: 听说秀智和李民浩分手了。你知道为什么吗? Tīngshuō Xiùzhì hé Lǐ Mínhào fēn shǒu le. Nǐ zhīdào wèishénme ma?
	B: 我怎么知道? 我估计。。。他们性格相差很多? Wǒ zěnme zhīdào? Wǒ gūjì... tāmen xìnggé xiāngchà hěn duō?
	A: 明星在媒体上说: "性格相差很多。" 是家常便饭。 Míngxīng zài méitǐ shàng shuō "xìnggé xiāngchà hěn duō." shì jiāchángbiànfàn.

일상다반사이다: ~是家常便饭
일상이 되다: ~成家常便饭

상황2	A: 天啊, 韩国的冬天太冷了。 Tiān a, Hánguó de dōngtiān tài lěng le.
	B: 一个位数的气温已经成了家常便饭。你多穿点儿衣服。 Yí ge wèishù de qìwēn yǐjīng chéngle jiāchángbiànfàn. Nǐ duō chuān diǎnr yīfu.

多V+点儿+n
n(명사)를 많이 좀 V(동사)하다

상황3	A: 你今天下班以后, 打算做什么? Nǐ jīntiān xià bān yǐhòu, dǎsuan zuò shénme?
	B: 回家休息。对我来说, 加班是家常便饭。 Huí jiā xiūxi. Duì wǒ lái shuō, jiā bān shì jiāchángbiànfàn.
	而且我家离公司十万八千里。我一般一下班就回家。什么都不做。 érqiě wǒ jiā lí gōngsī shíwànbāqiānlǐ. Wǒ yìbān yí xià bān jiù huí jiā. Shénme dōu bú zuò.

'A 하자마자 곧장 B 하다'라는 뜻이에요. 전후의 두 가지 상황이 곧바로 이루어짐을 표현할 때 사용해보세요.

중국인들 활용법

过节 guò jié 명절을 쇠다

值班 zhí bān 당번을 서다

天干物燥 tiāngānwùzào 건조하다

咳嗽 késou 기침(하다)

过节值班是家常便饭。
Guò jié zhí bān shì jiāchángbiànfàn.
명절에 당직 서는 건 일상이에요.

天干物燥, 咳嗽是家常便饭。
Tiāngānwùzào, késou shì jiāchángbiànfàn.
건조할 때, 기침 나는 건 일상이죠.

드라마 속에서 쓰인 오늘의 패턴　5번 입으로 읽어보세요　1　2　3　4　5

A: 这鱼不新鲜, 再换一条。这萝卜丝怎么切成这样啊? 那么厚, 怎么吃呀?
Zhè yú bù xīnxiān, zài huàn yì tiáo. Zhè luóbosī zěnme qiēchéng zhèyàng a? Nàme hòu, zěnme chī ya?
이 물고기는 안 신선하잖아, 새로 바꿔. 이 무채는 어떻게 이렇게 썰 수가 있어? 이렇게 두꺼우면, 어떻게 먹으라는 거야?

B: 夫人。　A: 巧慧, 只是一顿普通的家常便饭。不用太紧张。
Fūrén.　Qiǎohuì, zhǐ shì yí dùn pǔtōng de jiāchángbiànfàn. Búyòng tài jǐnzhāng.
부인　챠오훼이, 그냥 평범한 한 끼 식사일 뿐이야. 너무 긴장할 필요 없어.

新鲜 xīnxiān 신선하다 I 条 tiáo (양) 가늘고 긴 것 I 萝卜丝 luóbosī 무채 I 切 qiē 자르다 I 这样 zhèyàng 이렇다
厚 hòu 두껍다 I 夫人 fūrén 제후의 아내 I 顿 dùn (양) 끼니 I 普通 pǔtōng 보통이다 I 紧张 jǐnzhāng 긴장하다

14 깜빡한 거 아니지?

오늘의 표현

~인 거 아니지?
是不是~? shì bu shì...?

주어	기타등등	동사	목적어
		인 거 아니지?	잊어버린 것
		是不是 Shì bu shì	忘了? wàng le

★리얼tip★

是不是 뒤에 문장을 써서 '~인 거 아니지?'라는 뜻으로 쓸 수 있어요.

말중작 해보기

1. (뭔가) 오해한 거 아니지?

2. 뭔가 잘못 먹은 거 아니지?

3. 약 잘못 먹은 거 아니지?

4. (돈) 깡그리 다 쓴 거 아니지?

5. 너를 방해한 거 아니지?

참고 단어

误会 wùhuì 오해하다

错 cuò 틀리다, 잘못~하다

药 yào 약

花光 huāguāng 다(몽땅) 쓰다

打扰 dǎrǎo 방해하다

정답을 맞혀보면서 5번 입으로 읽어보세요   1   2   3   4   5

1 (뭔가) 오해한 거 아니지?	是不是误会(什么)了? Shì bu shì wùhuì (shénme) le?
2 뭔가 잘못 먹은 거 아니지?	是不是吃错什么了? Shì bu shì chīcuò shénme le?
3 약 잘못 먹은 거 아니지? (미친 거 아니지?)	是不是吃错药了?(=是不是疯了?) Shì bu shì chīcuò yào le?(=Shì bu shì fēng le?)
4 (돈) 꽝그리 다 쓴 거 아니지?	是不是花光了? Shì bu shì huāguāng le?
5 너를 방해한 거 아니지?	是不是打扰你了? Shì bu shì dǎrǎo nǐ le?

★리얼tip★

吃错药라는 표현은 한국에서도 '약 먹을 시간 됐다'라고 하듯이 '미치다(제정신이 아니다)'라는 뜻으로 쓰는 것 알아두세요. '미치다'라는 단어를 써서 표현하고 싶다면 你是不是疯了? 를 쓸 수도 있답니다.

말중작 업그레이드   형용사 넣어 연습하기: 너무 피곤한 거 아니지?

주어	기타등등	동사	목적어
		인거 아니지?	너무 피곤 한 것
		是不是 Shì bu shì	太累了? tài lèi le

말중작 해보기(2)

1. 너무 바보 같은 거 아니야?

2. 너무 예의 차리는 거 아니야?

3. 너무 욕심 많은 거 아니야?

4. 너무 과장하는 거 아니야?

5. 너무 멋진 거 아니야?

참고 단어

傻 shǎ 어리석다

客气 kèqi 예의 차리다

贪心 tānxīn 욕심스럽다

夸张 kuāzhāng 과장하다

酷 kù 멋지다, 쿨하다

정답을 맞혀보면서 5번 입으로 읽어보세요   1   2   3   4   5

1 너무 바보 같은 거 아니야?	是不是太傻了? Shì bu shì tài shǎ le?
2 너무 예의 차리는 거 아니야?	是不是太客气了? Shì bu shì tài kèqi le?
3 너무 욕심 많은 거 아니야?	是不是太贪心了? Shì bu shì tài tānxīn le?
4 너무 과장하는 거 아니야?	是不是太夸张了? Shì bu shì tài kuāzhāng le?
5 너무 멋진 거 아니야?	是不是太酷了? Shì bu shì tài kù le?

답정너로 상황 연습

상황1	A: 내 남자친구가 내가 김태희보다 예쁘다고 말하더라. 내가 정말 그렇게 예뻐?
	B: 너 오해한 거 아니야? A: 나 안 예뻐? 맘껏 얘기해 봐.
	B: 너 약 잘못 먹은 거 아니야? 차이 무시무시하게 나거든?
상황2	A: 나한테 있어서, 야근은 일상이야.
	B: 이렇게 하다 보면 너 병 날 거야.
	A: 누가 몰라. 내가 엄친딸이 아니니까. 업무 스트레스는 중요하지 않아. 중요한 건 월급이라고.
	B: 너무 과장인 거 아니야?
상황3	A: 너 어떻게 날 팔아먹을 수가 있어? B: 무슨 소리야?
	A: 네가 내 비밀을 누설한 거지? 질투하는 거니?
	B: 나 맹세해. 내가 말한 거 아냐. 나 믿어!!

참고 단어

金泰熙 Jīn Tàixī 김태희 | 尽管 jǐnguǎn 얼마든지 | 生病 shēng bìng 병이 나다 | 白富美 báifùměi 엄친딸
漏泄 lòuxiè 누설시키다 | 秘密 mìmì 비밀 | 吃醋 chī cù 질투하다 | 发誓 fā shì 맹세하다 | 相信 xiāngxìn 믿다

상황1	A: 我男朋友说我比金泰熙漂亮。我真的那么漂亮吗？ Wǒ nánpéngyǒu shuō wǒ bǐ Jīn Tàixī piàoliang. Wǒ zhēnde nàme piàoliang ma?
	B: 是不是误会了？ Shì bu shì wùhuì le?　　　A: 我不漂亮吗？尽管说吧。 Wǒ bú piàoliang ma? Jǐnguǎn shuō ba.
	B: 你是不是吃错药了？相差十万八千里呢。 Nǐ shì bu shì chīcuò yào le? Xiāngchà shíwànbāqiānlǐ ne.　　부사로 '얼마든지, 편하게'의 뜻이에요. ex) 편하게 오세요: 尽管来
상황2	A: 对我来说，加班是家常便饭。 Duì wǒ lái shuō, jiā bān shì jiāchángbiànfàn.
	B: 这样下去，你会生病的。 Zhèyàng xiàqù, nǐ huì shēng bìng de.　　下去 1) (방향:위에서 아래로) 내려가다 **2) (시간:현재에서 미래로) 계속하다**
	A: 谁不知道啊，不过我不是白富美。工作压力不要紧，关键的是工资。 Shéi bù zhīdào a, búguò wǒ bú shì báifùměi. Gōngzuò yālì bú yàojǐn, guānjiàn de shì gōngzī.
	B: 是不是太夸张了？ Shì bu shì tài kuāzhāng le?
상황3	A: 你怎么把我卖了？　　　　　B: 说什么呀？ Nǐ zěnme bǎ wǒ mài le?　　　　　　Shuō shénme ya?
	A: 是你漏泄我秘密的吧？你是不是吃醋了？ Shì nǐ lòuxiè wǒ mìmì de ba? Nǐ shì bu shì chī cù le?
	B: 我发誓，我真的没说出去。你相信我。 Wǒ fā shì, wǒ zhēnde méi shuō chūqù. Nǐ xiāngxìn wǒ.

중국인들 활용법

自信 zìxìn 자신(하다)

484 是不是의 인터넷상 표기

打架 dǎ jià 싸움하다

你是不是太自信了?
Nǐ shì bu shì tài zìxìn le?
너무 자신 있는 거 아니야?

你484想打架?
Nǐ shì bu shì xiǎng dǎ jià?
너 싸우고 싶은 거 아니지?

드라마 속에서 쓰인 오늘의 패턴

5번 입으로 읽어보세요 1 2 3 4 5

A: 我说你脑子是不是半路上给弄丢了？
　　Wǒ shuō nǐ nǎozi shì bu shì bànlù shàng gěi nòngdiū le?
　　내가 말해두는데, 너 머리가 오다가 어떻게 된 거 (오다가 잃어버린 거) 아니지?

'~에 의해 ...당하다'라는 수동태를 만들 때 흔히 被를 떠올리는데, 给를 쓰기도 해요. 给'~에게, ~주다'로만 활용했더라면, 수동태 용법도 기억해둡시다.

*이 장면은 자신이 좋아하는 남자와 열애설이 난 여자를 칭찬하는 친구(B)에게 핀잔주는 장면이었답니다.

脑子 nǎozi 뇌 | 弄丢 nòngdiū 잃어버리다

15 심지어 집도 팔았는데, 하물며 차는...

▶ _____

▶ _____

오늘의 표현	심지어 A 도 ~ 连 A 也(都)~ lián A yě(dōu) ...

주어	기타등등	동사	목적어
	심지어 집도	팔았다	
	连房子也(都) Lián fángzi yě(dōu)	**卖了** mài le	

★리얼tip★

'나는 심지어 ABCD도 몰라'라는 말은 '나는 영어 못해'라는 표현을 더 강조하는 거죠? 이렇게 '심지어 A 도'라는 표현을 통해 더 강조해서 내용을 전달할 수 있어요.

말중작 해보기

1. 심지어 낮잠 잘 시간도 없어.

2. 심지어 기사님도 길을 잃어.

3. 심지어 가족도 물어.

4. 심지어 제주도도 안 가봤어.

5. 심지어 어른도 못 견뎌.

참고 단어

房子 fángzi 집

睡午觉 shuì wǔjiào 낮잠을 자다

司机 sījī 기사, 운전사

迷路 mí lù 길을 잃다

咬 yǎo 물다

济州岛 Jìzhōudǎo 제주도

大人 dàren 성인, 어른

受不了 shòu bu liǎo 견딜 수 없다

정답을 맞혀보면서 5번 입으로 읽어보세요   1   2   3   4   5

1	심지어 낮잠 잘 시간도 없어.	连睡午觉的时间也没有. Lián shuì wǔjiào de shíjiān yě méiyǒu.
2	심지어 기사님도 길을 잃어.	连司机也迷路. Lián sījī yě mí lù.
3	심지어 가족도 물어.	连家人也咬. Lián jiārén yě yǎo.
4	심지어 제주도도 안 가봤어.	连济州岛也没去过. Lián Jìzhōudǎo yě méi qùguo.
5	심지어 어른도 못 견뎌.	连大人也受不了. Lián dàren yě shòu bu liǎo.

말중작 업그레이드   심지어 집도 팔았는데, 하물며 차는...

(접속사)	주어	기타등등	동사	목적어
하물며			이다	차
更何况 Gèng hékuàng			是 shì	车 chē

★리얼tip★

更何况은 '하물며~는 말할 것도 없다'는 뉘앙스인데요, 连~也(都) 문장과 세트처럼 자주 쓰여요.
따로, 또 같이 다양하게 활용해보세요.

말중작 해보기(2)

1. 심지어 집도 팔았어, 하물며 차는 (말할 것도 없지.)

2. 심지어 기사님도 길을 잃어, 하물며 외국인은 (말할 것도 없지.)

참고 단어

陌生 mòshēng 낯설다

3. 심지어 가족들도 물어, 하물며 낯선 사람은 (말할 것도 없지.)

4. 심지어 제주도도 안 가봤어, 하물며 중국은 (말할 것도 없지.)

5. 심지어 어른도 못 견뎌, 하물며 어린아이는 (말할 것도 없지.)

말중작 정답(2)

정답을 맞혀보면서 5번 입으로 읽어보세요   1   2   3   4   5

1	심지어 집도 팔았어, 하물며 차는...	连房子也卖了，更何况是车。 Lián fángzi yě mài le, gèng hékuàng shì chē.
2	심지어 기사님도 길을 잃어, 하물며 외국인은...	连司机也迷路，更何况是外国人。 Lián sījī yě mí lù, gèng hékuàng shì wàiguórén.
3	심지어 가족들도 물어, 하물며 낯선 사람은...	连家人也咬，更何况是陌生人。 Lián jiārén yě yǎo, gèng hékuàng shì mòshēngrén.
4	심지어 제주도도 안 가봤어, 하물며 중국은...	连济州岛也没去过，更何况是中国。 Lián Jìzhōudǎo yě méi qùguo, gèng hékuàng shì Zhōngguó.
5	심지어 어른도 못 견뎌, 하물며 어린아이는...	连大人也受不了，更何况是小孩儿。 Lián dàren yě shòu bu liǎo, gèng hékuàng shì xiǎoháir.

답정너로 상황 연습

상황1	A: 안녕하세요, 실례하겠습니다. 명동역은 어떻게 가나요? B: 차라리 택시 타세요. 서울 사람도 길 잃는데, 하물며 외국인은... A: 감사합니다. 얼마나 걸려요? B: 대략 10분이면 도착할 수 있어요.
상황2	A: 듣자 하니까 걔 또 도박했대. B: 헐, 걔는 미친 거 아니야? 도박이 위험하다는 이치는 3살 어린이도 아는데. 걔는 어째서 모르는 거야? A: 누가 알아. 듣자 하니까 집도 팔았대.
상황3	A: 왜 그래? 걱정거리 있는 거 아니지? B: 나 계속 노력했는데 대학교 합격 못 했어. A: 너무 속상해하지 마. 우리 회사 사장님은 고등학교도 나온 적 없으셔. 결과는 중요한 게 아니야. 과정이 중요한 거지.

참고 단어

明洞 Míngdòng 명동 ｜ 首尔 Shǒu'ěr 서울 ｜ 需要 xūyào 필요로 하다 ｜ 赌博 dǔbó 도박(하다)
危险 wēixiǎn 위험(하다) ｜ 道理 dàolǐ 도리 ｜ 心事 xīnshì 걱정거리 ｜ 考上 kǎoshàng 합격하다
难过 nánguò 괴롭다 ｜ 高中 gāozhōng 고등학교

상황1

A: 您好，打扰一下。明洞站怎么走？
Nín hǎo, dǎrǎo yíxià. Míngdòng zhàn zěnme zǒu?

> 分과 分钟은 다른 표현이어서 바꿔 쓸 수 없어요.
> 分 : 시간의 분, 分钟: 시간의 양(분 동안)

B: 您**还是**打的吧。**连**首尔人**也**迷路，**更何况是**外国人。
Nín háishi dǎ dī ba. Lián Shǒu'ěr rén yě mí lù, gèng hékuàng shì wàiguórén.

A: 谢谢，需要多长时间？
Xièxie, xūyào duō cháng shíjiān?

B: 大概10**分钟**就能到。
Dàgài shí fēnzhōng jiù néng dào.

상황2

A: 听说他又赌博了。
Tīngshuō tā yòu dǔbó le.

> 차라리(아무래도) ~하는 게 낫다: **还是~吧。**
> 还是은 선택의문문(아니면)으로 쓰이는 용법 말고도, 차선책을 선택하는 '차라리(아무래도) ~하는게 낫다'로 활용할 수 있다는 점 기억하세요.

B: 我的天啊，他是不是疯了？
Wǒ de tiān a, tā shì bu shì fēng le?

赌博很危险这个道理**连**3岁孩子**也**知道。他怎么不知道啊？
Dǔbó hěn wēixiǎn zhè ge dàolǐ lián sān suì háizi yě zhīdào. Tā zěnme bù zhīdào a?

A: 谁知道啊。听说**连**房子**也**卖了。
Shéi zhīdào a. Tīngshuō lián fángzi yě mài le.

상황3

A: 怎么了？是不是有心事？   B: 我一直都很努力，不过没考上大学。
Zěnme le? Shì bu shì yǒu xīnshi?   Wǒ yìzhí dōu hěn nǔlì, búguò méi kǎoshàng dàxué.

A: 不要太难过。我公司的老板**连**高中**也**没上过。
Búyào tài nánguò. Wǒ gōngsī de lǎobǎn lián gāozhōng yě méi shàngguo.

结果不要紧，关键的是过程。
Jiéguǒ bú yàojǐn, guānjiàn de shì guòchéng.

중국인들 활용법

借口 jièkǒu 핑계

哭 kū 울다

好看 hǎokàn 보기 좋다

连借口**都**没有。
Lián jièkǒu dōu méiyǒu.
심지어 핑계조차도 없어요.

连哭**都**那么好看。
Lián kū dōu nàme hǎokàn.
심지어 우는 것도 이렇게 예뻐요.

드라마 속에서 쓰인 오늘의 패턴
5번 입으로 읽어보세요   1   2   3   4   5

A: 真羡慕，**连**主编**都**嫁出去。我什么时候才能嫁掉啊。
Zhēn xiànmù, lián zhǔbiān dōu jià chūqù. Wǒ shénmeshíhòu cái néng jiàdiào a.
정말 부러워, 심지어 편집장도 시집가는데, 나는 언제 시집가버릴 수 있는 거야.

B: 随时都可以啊。
Suíshí dōu kěyǐ a.
언제든 가능하지.

主编 zhǔbiān 편집장 | 嫁 jià 시집가다 | 掉 diào ~해버리다 | 随时 suíshí 아무 때나, 수시로

16 LG선수는 호락호락하지 않아.

아는 단어, 문장 끄집어내 직접 적어보기

▶ _____

▶ _____

오늘의 표현	호락호락하지 않다. **不是吃素的。** bú shì chī sù de.

주어	기타등등	동사	목적어
LG선수	not	이다	호락호락한 것
LG选手 LG xuǎnshǒu	**不** bú	**是** shì	**吃素的** chī sù de

★리얼tip★

吃素은 원래 '채식하다'라는 뜻이어서, 원래 의미대로 '나 채식 (안) 해'라고 말할 때도 쓸 수 있어요.

말중작 해보기

1. LG 코치는 호락호락하지 않아.

2. 챔피언은 호락호락하지 않아.

3. 나는 호락호락하지 않아.

4. 나도 호락호락하지 않아.

5. 그녀의 주먹은 호락호락하지 않아.

참고 단어
教练 jiàoliàn 코치
冠军 guànjūn 챔피언
拳头 quántóu 주먹

70

정답을 맞혀보면서 5번 입으로 읽어보세요   1   2   3   4   5

1	LG 코치는 호락호락하지 않아.	LG教练不是吃素的。 LG jiàoliàn bú shì chī sù de.
2	챔피언은 호락호락하지 않아.	冠军不是吃素的。 Guànjūn bú shì chī sù de.
3	나는 호락호락하지 않아.	我不是吃素的。 Wǒ bú shì chī sù de.
4	나도 호락호락하지 않아.	我也不是吃素的。 Wǒ yě bú shì chī sù de.
5	그녀의 주먹은 호락호락하지 않아.	她的拳头不是吃素的。 Tā de quántóu bú shì chī sù de.

말중작 업그레이드   吃이 들어가는 관용표현들

	표현	뜻
1	吃醋 chī cù	질투하다, 시기하다.
2	吃鸭蛋 chī yādàn	(시험·경기) 빵점맞다, 패배하다.
3	吃老本 chī lǎoběn	자본금을 까먹다.
4	吃闭门羹 chī bìméngēng	문전박대를 당하다, 허탕치다.

> 자본금을 까먹는다라는 말은 **과거의 것에 의존해 현재를 살아간다는 뜻**으로도 확대 해석 할 수 있어요.

말중작 해보기(2)

1. 너 질투하는 중이지?

2. 이번 시험 빵점 맞았어.

3. 항상 과거 경험으로만 살 수 없어.

4. 나 너희 사무실에서 문전박대당했어.

5. 나 이력서 많이 냈는데, 허탕 쳤어.

참고 단어

考试 kǎoshì 시험

总是 zǒngshì 늘, 줄곧

投 tóu (편지 등을) 부치다

简历 jiǎnlì 이력서

정답을 맞혀보면서 5번 입으로 읽어보세요   1   2   3   4   5

1	너 질투하는 중이지?	你在吃醋吧? Nǐ zài chī cù ba?
2	이번 시험 빵점 맞았어.	这次考试吃鸭蛋了。 Zhè cì kǎoshì chī yādàn le.
3	항상 과거 경험으로만 살 수 없어.	不能总是吃老本。 Bù néng zǒngshì chī lǎoběn.
4	나 너희 사무실에서 문전박대당했어.	我在你办公室吃了闭门羹。 Wǒ zài nǐ bàngōngshì chīle bìméngēng.
5	나 이력서 많이 냈는데, 허탕 쳤어.	我投了很多简历, 不过吃了闭门羹。 Wǒ tóule hěn duō jiǎnlì, bú guò chīle bìméngēng.

1번 옆 메모: 시험에서 빵점을 맞은 경우 동사 吃 대신에 考 kǎo를 쓰기도 해요.

답정너로 상황 연습

상황1	A: 왜 그래? 걱정거리 있는 거 아니지? B: 나 이력서 많이 냈는데, 허탕 쳤어. A: 너무 괴로워하지 마. 너 만만한 사람 아니잖아. 잠시 일 안 하는 건 괜찮아.
상황2	A: 듣자 하니까 너 중국어 배운다며? B: 응, 항상 과거 지식에만 의존해서 살 수 없잖아. 너는 일반적으로 퇴근하면 뭐 해? A: 나한테 있어서 야근은 일상이야. 심지어 저녁 먹을 시간도 없어.
상황3	A: 엄마~ 아세요? 엄마는 화내는 것도 예뻐요. B: 왜 이래? 너 뭔가 잘 못 한 거 아니지? A: 사실 저 오늘 시험 빵점 맞았어요. 죄송해요. B: 난 또 뭐라고, 결과는 중요하지 않아, 중요한 건 과정이야.

참고 단어

难过 nánguò 괴롭다 ┃ 一般 yìbān 일반적으로 ┃ 生气 shēng qì 화내다 ┃ 错 cuò 잘못하다 ┃ 其实 qíshí 사실은

상황1	A: 怎么了? 是不是有心事? Zěnme le? Shì bu shì yǒu xīnshì? B: 我投了很多简历, 不过吃了闭门羹。 Wǒ tóule hěn duō jiǎnlì, búguò chīle bìméngēng. A: 不要太难过。你不是吃素的。暂时不工作不要紧。 Búyào tài nánguò. Nǐ bú shì chī sù de. Zànshí bù gōngzuò bú yàojǐn.
상황2	A: 听说你学汉语。 Tīngshuō nǐ xué Hànyǔ. B: 嗯, 不能总是吃老本嘛。你一般下班以后做什么? èng, bù néng zǒngshì chī lǎoběn ma. Nǐ yìbān xià bān yǐhòu zuò shénme? A: 对我来说, 加班是家常便饭。连吃晚饭的时间也没有。 Duì wǒ lái shuō, jiā bān shì jiāchángbiànfàn. Lián chī wǎnfàn de shíjiān yě méiyǒu.
상황3	A: 妈, 您知道吗? 您连生气也美。 Mā, nín zhīdào ma? Nín lián shēng qì yě měi. B: 怎么了? 你是不是做错什么了? Zěnme le? Nǐ shì bu shì zuòcuò shénme le? A: 其实我今天考试吃鸭蛋了。对不起。。。 Qíshí wǒ jīntiān kǎoshì chī yādàn le. Duìbuqǐ... B: 我以为是什么呢。结果不要紧, 关键的是过程。 Wǒ yǐwéi shì shénme ne. Jiéguǒ bú yàojǐn, guānjiàn de shì guòchéng.

중국인들 활용법

雷神 Léishén (영화) 토르

粉丝 fěnsī 팬(fans)

其实 qíshí 사실은

《雷神》:"吃老本的粉丝电影"
Léishén:"Chī lǎoběn de fěnsī diànyǐng."
토르: 옛날 스토리 우려먹는 마니아 영화

其实男人比女人更爱 "吃醋"。
Qíshí nánrén bǐ nǚrén gèng ài "chī cù".
사실 남자가 여자보다 더 "질투"해요.

드라마 속에서 쓰인 오늘의 패턴

5번 입으로 읽어보세요   1   2   3   4   5

A: 明白, 你老婆嘛, 必须得管。
Míngbai, nǐ lǎopo ma, bìxū děi guǎn.
알지~ 걔가 너 부인이잖아. 당연히 신경 써야지.

B: 吃醋了?
Chī cù le?
질투하는 거야?

A: 何止吃醋呢。
Hézhǐ chī cù ne.
질투만 하겠어?

*A와 B는 연인 사이에요. 데이트 중에 룸메이트 '치우인'이 입원한 병원에 가겠다고 말하는
B에게 남자친구 A가 질투하는 장면이었습니다.

管 guǎn 관여하다 ㅣ 必须 bìxū 꼭~해야 한다 ㅣ 何止 hézhǐ 어찌 …뿐이겠는가

73

17 이게 뭔지 맞혀봐.
이따가 알려줄게.

아는 단어, 문장 끄집어내 직접 적어보기

▶ _____

_____

▶ _____

_____

오늘의 표현	네가 ~ 맞혀봐. 你猜~ nǐ cāi...

주어	기타등등	동사	목적어
네가		맞혀봐	이것이 무엇인지
你 Nǐ		猜 cāi	这是什么 zhè shì shénme

말중작 해보기

1. 내가 무슨 별자리인지 맞혀봐.

2. 내 혈액형이 뭔지 맞혀봐.

3. 교수님이 어떻게 말했는지 맞혀봐.

4. 내가 뭐 하는 중인지 맞혀봐.

5. 내가 오늘 누구를 만났는지 맞혀봐.

<table>
<tr><td colspan="2">참고 단어</td></tr>
<tr><td>星座</td><td>xīngzuò 별자리</td></tr>
<tr><td>血型</td><td>xuèxíng 혈액형</td></tr>
<tr><td>教授</td><td>jiàoshòu 교수</td></tr>
<tr><td>干</td><td>gàn 하다</td></tr>
<tr><td>见到</td><td>jiàndào 만나다</td></tr>
</table>

정답을 맞혀보면서 5번 입으로 읽어보세요   1   2   3   4   5

1	내가 무슨 별자리인지 맞혀봐.	你猜我的星座是什么。 Nǐ cāi wǒ de xīngzuò shì shénme.
2	내 혈액형이 뭔지 맞혀봐.	你猜我的血型是什么。 Nǐ cāi wǒ de xuèxíng shì shénme.
3	교수님이 어떻게 말했는지 맞혀봐.	你猜教授怎么说。 Nǐ cāi jiàoshòu zěnme shuō.
4	내가 뭐 하는 중인지 맞혀봐.	你猜我在做什么＝ 你猜我在干什么。 Nǐ cāi wǒ zài zuò shénme. = Nǐ cāi wǒ zài gàn shénme.
5	내가 오늘 누구를 만났는지 맞혀봐.	你猜我今天见到谁了。 Nǐ cāi wǒ jīntiān jiàndào shéi le.

말중작 업그레이드   이게 뭔지 맞혀봐. 조금 있다가 알려줄게.

주어	기타등등	동사	목적어
	조금 있다가	알려주다	너에게
	回头 Huítóu	告诉 gàosu	你 nǐ

★리얼tip★

回头는 '고개를 돌리다'라는 뜻의 동사인데요, 고개를 돌린다는 건 과거의 사건을 자꾸 돌아보는 거잖아요. 그래서 '후회하다'라는 뜻으로 활용하기도 해요. 그뿐만 아니라 부사로도 쓰이는데, 그때는 '잠시 후에, 조금 있다가'라는 뜻으로 쓴답니다.

말중작 해보기(2)

1. 내가 무슨 별자리인지 맞혀봐. 조금 있다가 알려줄게.

2. 내 혈액형이 뭔지 맞혀봐. 조금 있다가 알려줄게.

3. 그녀는 매일 예쁘게 꾸며서, (사람들이) 돌아볼 확률이 높아요.

4. 좋은 말은 머리를 돌려 자기가 밟고 온 풀을 먹지 않아요.
   (사나이는 이미 헤어진 여자를 다시 만나지 않아요.)

5. 후회하지 마.

打扮 dǎban 꾸미다

回头率 huítóulǜ
돌아볼 확률

好马 hǎo mǎ 좋은 말

草 cǎo 풀

말중작 정답(2)

정답을 맞혀보면서 5번 입으로 읽어보세요   1   2   3   4   5

1	내가 무슨 별자리인지 맞혀봐. 조금 있다가 알려줄게.	你猜我的星座是什么。回头告诉你。 Nǐ cāi wǒ de xīngzuò shì shénme. Huítóu gàosu nǐ.
2	내 혈액형이 뭔지 맞혀봐. 조금 있다가 알려줄게.	你猜我的血型是什么。回头告诉你。 Nǐ cāi wǒ de xuèxíng shì shénme. Huítóu gàosu nǐ.
3	그녀는 매일 예쁘게 꾸며서, (사람들이) 돌아볼 확률이 높아요.	她每天打扮得很漂亮，回头率特别高。 Tā měitiān dǎban de hěn piàoliang, huítóulǜ tèbié gāo.
4	좋은 말은 머리를 돌려 풀을 먹지 않아요.	好马不吃回头草。 Hǎo mǎ bù chī huítóu cǎo.
5	후회하지 마.	不要回头。 Búyào huítóu.

답정너로 상황 연습

상황1	A: 너 이 똥 싼 표정은 뭐 하는 거야? 설마 서프라이즈 준비하는 건 아니지? B: 먼저 다 하고 조금 있다가 알려줄게.
상황2	A: 엄마~ 아세요? 엄마는 화내는 것도 예뻐요. B: 왜 이러는 거야? 너 뭐 잘못한 거 아니지? A: 오늘 시험 몇 점 맞았는지 엄마가 맞혀보세요. B: 빵점 맞은 건 아니지?
상황3	A: 내가 오늘 누구를 만났는지 맞혀봐. B: 내가 맞힐지 안 맞힐지 네가 맞혀봐. A: 내가 추측하기에 넌 맞혀.

참고 단어

拉屎 lā shǐ 대변을 보다 | 表情 biǎoqíng 표정 | 惊喜 jīngxǐ 서프라이즈 | 分 fēn (성적 평가의 점수) 점

상황1	A: 你这拉屎的表情是干什么? 你是不是准备惊喜? Nǐ zhè lā shǐ de biǎoqíng shì gàn shénme? Nǐ shì bu shì zhǔnbèi jīngxǐ? B: 我**先**弄完，回头**再**告诉你。 Wǒ xiān nòngwán, huítóu zài gàosu nǐ.
상황2	A: 妈，您知道吗? 您连生气也美。 Mā, nín zhīdào ma? Nín lián shēng qì yě měi. B: 怎么了? 你是不是做错什么了? Zěnme le? Nǐ shì bu shì zuòcuò shénme le? A: 您**猜**我今天考试得了多少分。 Nín cāi wǒ jīntiān kǎoshì déle duōshao fēn. B: 是不是吃鸭蛋了? Shì bu shì chī yādàn le?
상황3	A: 你**猜**我今天见到谁了。 Nǐ cāi wǒ jīntiān jiàndào shéi le. B: 你**猜**我猜不猜。 Nǐ cāi wǒ cāi bu cāi. A: 我**猜**你猜。 Wǒ cāi nǐ cāi.

> **先A 再B**
> '먼저 A하고 그런 다음 B 한다.'라는 뜻이에요.
> 일의 진행 순서를 얘기하고 싶을 때 활용해보세요.

중국인들 활용법

对 duì 맞다

年龄 niánlíng 연령

你猜对了吗?
Nǐ cāiduì le ma?
너 (추측해서) 맞혔어?

我猜不出她的年龄。
Wǒ cāi bu chū tā de niánlíng.
저는 그녀의 나이를 추측해 낼 수가 없어요.

드라마 속에서 쓰인 오늘의 패턴   5번 입으로 읽어보세요   1   2   3   4   5

A: 喂，妈妈。我忙着呢。有什么事咱们等会儿再说啊。
Wéi , māma. Wǒ mángzhe ne. Yǒu shénme shì zánmen děng huìr zài shuō a.
여보세요? 엄마. 나 바빠요. 뭔 일 있으면 우리 조금 있다가 다시 얘기해요.

B: 你别挂电话。你猜我跟你爸爸现在在哪里呀。
Nǐ bié guà diànhuà. Nǐ cāi wǒ gēn nǐ bàba xiànzài zài nǎ lǐ ya.
너 끊지 마. 엄마랑 네 아빠랑 지금 어디에 있게. 맞혀봐.

A: 你们到哪儿啦?　　　　　　　　　B: 我们来上海喽。
Nǐmen dào nǎr la?　　　　　　　　　Wǒmen lái Shànghǎi lou.
어디신데요?　　　　　　　　　　　우리 상해 왔지롱~

挂 guà 전화를 끊다

18 이불 잘 덮어, 감기 걸리지 않게.

아는 단어, 문장 끄집어내 직접 적어보기

▶ _____

_____

▶ _____

_____

오늘의 표현

~하지 않도록
免得~ miǎnde...

(접속사)	주어	기타등등	동사	목적어
~하지 않도록			감기 걸리다	
免得 Miǎnde			着凉 zháo liáng	

★리얼tip★

感冒 gǎnmào와 着凉은 모두 '감기 걸리다'라는 뜻인데요, 感冒는 바이러스에 의한 감기를, 着凉은 온도 차에 따른 감기를 말해요. 구분 없이 활용하기도 하지만, 뉘앙스에 따라 구분해보는 것도 좋겠죠?

말중작 해보기

1. 출발할 때 서두르지 않도록.

2. 허둥지둥하지 않도록.

3. 지각하지 않도록.

4. 병나지 않도록.

5. 회의 때 사장님 눈초리 받지 않도록.

참고 단어

出发 chūfā 출발하다

着急 zháo jí 조급해하다

手忙脚乱
shǒumángjiǎoluàn 허둥지둥하다

迟到 chídào 지각하다

生病 shēng bìng 병이 나다

开会 kāi huì 회의 하다

遭白眼 zāo báiyǎn 눈총을 받다

말중작 정답

정답을 맞혀보면서 5번 입으로 읽어보세요   1   2   3   4   5

1 출발할 때 서두르지 않도록.	免得出发时着急。 Miǎnde chūfā shí zháojí.
2 허둥지둥하지 않도록.	免得手忙脚乱。 Miǎnde shǒumángjiǎoluàn.
3 지각하지 않도록.	免得迟到。 Miǎnde chídào.
4 병나지 않도록.	免得生病。 Miǎnde shēng bìng.
5 회의 때 사장님 눈초리 안 받도록.	免得开会时遭老板的白眼。 Miǎnde kāi huì shí zāo lǎobǎn de báiyǎn.

말중작 업그레이드   이불 잘 덮어, 감기 걸리지 않게.

주어	기타등등	동사	목적어
		덮어+잘	이불
		盖好 Gàihǎo	**被子** bèizi

★리얼tip★

중국어는 성조가 참 중요한 언어에요. 성조에 따라 뜻이 달라지거든요. 그 대표적인 단어로 오늘 배운 **被子** 를 꼽을 수 있어요. bei를 4성으로 읽어야 하는데 실수로 1성으로 읽으면 杯子 (컵)이라는 단어가 되거든요. **被子** (이불)이라는 단어를 익히실 때는 특히 성조에 주의해서 암기해보세요.

말중작 해보기(2)

1. 이불 잘 덮어, 감기 걸리지 않도록.

2. 미리 준비를 잘해 둬, 허둥지둥하지 않도록.

3. 미리 준비를 잘해 둬, 출발할 때 서두르지 않도록.

4. 일찍 좀 자, 지각하지 않도록.

5. 일찍 좀 쉬어, 병나지 않도록.

참고 단어

盖 gài 덮다

被子 bèizi 이불

准备 zhǔnbèi 준비하다

休息 xiūxi 쉬다

정답을 맞혀보면서 5번 입으로 읽어보세요   1   2   3   4   5

1	이불 잘 덮어, 감기 걸리지 않도록.	盖好被子，免得着凉。 Gàihǎo bèizi, miǎnde zháo liáng.
2	미리 준비를 잘해 둬, 허둥지둥하지 않도록.	先准备好，免得手忙脚乱。 Xiān zhǔnbèihǎo, miǎnde shǒumángjiǎoluàn.
3	미리 준비를 잘해 둬, 출발할 때 서두르 않도록.	先准备好，免得出发时着急。 Xiān zhǔnbèihǎo, miǎnde chūfā shí zháo jí.
4	일찍 좀 자, 지각하지 않도록.	早点儿睡，免得迟到。 Zǎo diǎnr shuì, miǎnde chídào.
5	일찍 좀 쉬어, 병나지 않도록.	早点儿休息，免得生病。 Zǎo diǎnr xiūxi, miǎnde shēng bìng.

답정너로 상황 연습

상황1	A: 너 얼굴색이 왜 그래? 너무 피곤한 거 아니야? B: 나한테 있어서 야근은 일상이야. 밥 먹을 시간조차도 없어. A: 오늘 일찍 쉬어, 병나지 않도록. 건강이 중요해.
상황2	A: 일기예보에서, 오늘 최고 기온이 영하 15도까지 떨어질 거래. B: 맙소사, 날씨 왜 그래? 나 못 참겠어! A: 맞아, 어른도 못 견디는데 더군다나 어린아이들은... 너희 아들한테 이불 잘 덮으라고 해, 감기 걸리지 않도록.
상황3	A: 너 왜 그래? 어째서 혼자서 술을 마셔? B: 나 여자친구랑 헤어졌어. 너 맞혀봐 내가 얼마나 괴로울지. A: 내일 면접 있지? 내가 너 데려다줄게. 일찍 쉬어, 면접 지각하지 않도록. 지각하면 허탕 칠 거야.

참고 단어

脸色 liǎnsè 안색 | 健康 jiànkāng 건강(하다) | 天气预报 tiānqì yùbào 일기 예보 | 气温 qìwēn 기온
降至 jiàngzhì ...까지 떨어지다 | 零下 língxià 영하 | 受不了 shòu bu liǎo 참을 수 없다
闷酒 mènjiǔ 혼자서 마시는 술 | 面试 miànshì 면접(하다)

상황1	A: 你脸色怎么了？是不是太累了？ Nǐ liǎnsè zěnme le? Shì bu shì tài lèi le? B: 对我来说，加班是家常便饭。连吃饭的时间也没有。 Duì wǒ lái shuō, jiā bān shì jiāchángbiànfàn. Lián chī fàn de shíjiān yě méiyǒu. A: 今天早点儿休息，**免得**生病。健康要紧呢。 Jīntiān zǎo diǎnr xiūxi, miǎnde shēng bìng. Jiànkāng yàojǐn ne.
상황2	A: 听天气预报说，今天最高气温**将**降至零下15度。 Tīng tiānqì yùbào shuō, jīntiān zuì gāo qìwēn jiāng jiàngzhì língxià shíwǔ dù. B: 天啊，天气怎么了？我受不了了。 Tiān a, tiānqì zěnme le? Wǒ shòu bu liǎo le. 1) 미래의 판단; ~일 것이다. 2) ~을 (=把) A: 对啊。连大人也受不了，更何况是小孩儿。 Duì a. Lián dàren yě shòu bu liǎo, gèng hékuàng shì xiǎoháir. 让你儿子盖好被子，**免得**着凉。 Ràng nǐ érzi gàihǎo bèizi, miǎnde zháo liáng.
상황3	A: 你怎么了？怎么一个人喝闷酒呢？ Nǐ zěnme le? Zěnme yí ge rén hē mènjiǔ ne? B: 我跟女朋友分手了。你猜我多难受。 Wǒ gēn nǚpéngyǒu fēn shǒu le. Nǐ cāi wǒ duō nánshòu. A: 明天有面试吧？我送你回家。 Míngtiān yǒu miànshì ba? Wǒ sòng nǐ huí jiā. 早点儿休息，**免得**面试迟到。迟到的话，会吃闭门羹。 Zǎo diǎnr xiūxi, miǎnde miànshì chídào. Chídào de huà, huì chī bìméngēng.

중국인들 활용법

开药方 kāi yàofāng
처방전을 내다

拒绝 jùjué 거절하다

吃力不讨好 chī lì bù tǎohǎo
죽도록 고생 하고 좋은 소리 못 듣다

吃面多喝汤，**免得**开药方。
Chī miàn duō hē tāng, miǎnde kāi yàofāng.
면(밀가루) 음식을 먹으려면 국물을 많이 드세요，
괜히 병원 가지 않으려면.

别不好意思拒绝，**免得**吃力不讨好！
Bié bùhǎoyìsi jùjué, miǎnde chī lì bù tǎohǎo.
거절하는 걸 미안해하지 마세요,
괜히 고생만 하고 좋은 소리 못 듣지 말고요.

드라마 속에서 쓰인 오늘의 패턴

5번 입으로 읽어보세요 1 2 3 4 5

A: 拉拉，你听我的。我看人最准了。
Lālā, nǐ tīng wǒ de. Wǒ kàn rén zuì zhǔn le.

긍정+부정형식의 의문문을 '정반의문문'이라고 하죠.
현재형,형용사의 정반의문문: A不A
과거형 문장의 정반의문문: A了没(有)?
ex) 吃饭了吗? 밥 먹었어?
吃饭了没有? 밥 먹었어 안 먹었어?

你没事绕她走，**免得**自己吃亏。听见**了没**?
Nǐ méi shì rào tā zǒu, miǎnde zìjǐ chī kuī. Tīngjiàn le méi?
라라, 너 내 말 잘 들어. 내가 사람 보는 눈 정확하잖아. 별일 없으면 걔 피해, 피해 보지 않게 말이야. 내 말 들었지?

准 zhǔn 정확하다 | 绕 rào 우회하다 | 吃亏 chī kuī 손해를 보다 | 听见 tīngjiàn 들리다

아는 단어, 문장 끄집어내 직접 적어보기

▶ _____

_____

▶ _____

_____

오늘의 표현

A할 B가 있다.
有 B A yǒu B A

주어	기타등등	동사	목적어	(문장 맨 뒤)
	드디어	있다+기회+솜씨 발휘하다		
	终于 Zhōngyú	有机会露一手 yǒu jīhuì lòu yì shǒu		了 le

★리얼tip★

연속해서 동사를 쓰는 문법을 '연동문'이라고 하는데요. 두 개의 동사 중 1개가 有인 연동문은 반드시 有+명사+동사2(+목적어)의 순서로 써요. 有가 있는 문장은 해석이 '~할 ...이 있다' 이기 때문에 대부분의 학생이 '~的' 으로 연결하는 오류를 자주 범하거든요. 입에 익을 때까지 계속 연습해보세요.

말중작 해보기

1. 드디어 복수할 기회가 생겼어요.

2. 드디어 단둘이 얘기할 기회가 생겼어요.

3. 드디어 이 말을 할 기회가 생겼어요.

4. 드디어 3배의 월급을 받을 기회가 생겼어요.

露一手 lòu yì shǒu
솜씨를 한 번 보이다

报仇 bào chóu 복수하다

单独 dāndú 단독(으로)

句 jù (양사) 마디

倍 bèi 배

拿 ná 잡다, 받다

工资 gōngzī 월급

정답을 맞혀보면서 5번 입으로 읽어보세요   1   2   3   4   5

1	드디어 복수할 기회가 생겼어요.	终于有机会报仇了。 Zhōngyú yǒu jīhuì bào chóu le.
2	드디어 단둘이 얘기할 기회가 생겼어요.	终于有机会单独聊(天)了。 Zhōngyú yǒu jīhuì dāndú liáo (tiān) le.
3	드디어 이 말을 할 기회가 생겼어요.	终于有机会说出这句话了。 Zhōngyú yǒu jīhuì shuōchū zhè jù huà le.
4	드디어 3배의 월급을 받을 기회가 생겼어요.	终于有机会拿三倍工资了。 Zhōngyú yǒu jīhuì ná sān bèi gōngzī le.

말중작 업그레이드   手가 들어가는 관용표현들

	표현	뜻
1	**大手大脚** dàshǒudàjiǎo	돈을 물 쓰듯 하다.
2	**拿手** náshǒu	능하다. 자신 있다.
3	**打下手** dǎ xiàshǒu	(일을) 거들다.
4	**心狠手辣** xīnhěnshǒulà	사악하고 잔인하다.
5	**爱不释手** àibúshìshǒu	차마 손에서 떼어 놓지 못하다.

말중작 해보기(2)

1. 너는 돈 쓰는 것이 너무 헤퍼.

2. 제일 자신 있는 요리가 뭐야?

3. 내가 (너) 거들어줄게.

4. 그녀는 충분히 사악하고 잔인하지 못해.

5. 저는 그 책을 손에서 놓지 못해요.

6. 이것은 너무 좋아하는(자꾸 손이 가는) 카디건이에요.

참고 단어

花钱 huā qián 돈을 쓰다

够 gòu 충분하다

开衫 kāishān 카디건

정답을 맞혀보면서 5번 입으로 읽어보세요 1 2 3 4 5

1	너는 돈 쓰는 것이 너무 헤퍼.	你花钱太大手大脚了。 Nǐ huā qián tài dàshǒudàjiǎo le.
2	제일 자신 있는 요리가 뭐야?	你最拿手的菜是什么？ Nǐ zuì náshǒu de cài shì shénme?
3	내가 (너) 거들어줄게.	我给你打下手吧。 Wǒ gěi nǐ dǎ xiàshǒu ba.
4	그녀는 충분히 사악하고 잔인하지 못해.	她不够心狠手辣。 Tā bú gòu xīnhěnshǒulà.
5	저는 그 책을 손에서 놓지 못해요.	我对那本书爱不释手。 Wǒ duì nà běn shū àibúshìshǒu.
6	이것은 자꾸 손이 가는 카디건이에요.	这是爱不释手的开衫。 Zhè shì àibúshìshǒu de kāishān.

답정너로 상황 연습

상황1	A: 너 뭐 하는 중이가? (사투리로)
	B: 나 바쁜 상태야. 무슨 일 있으면 나중에 다시 얘기하자.
	A: 너 쉴 틈이 없으면 내가 거들어 줄게. 회의 때 사장님 눈총 안 받도록 말이야.
상황2	A: 뭐 하는 거 좋아하세요?
	B: 저는 요리하는 거 좋아해요.
	A: 오, 제일 자신 있는 요리가 뭐예요? 나중에 저한테 솜씨 발휘해주세요.
상황3	A: 이게 뭔지 맞혀봐~?
	B: 뭔데?(사투리로) 또 물건 샀어?
	A: 나 이 카디건 정말 좋아. 나중에 틀림없이 손이 많이 갈 거야.

참고 단어

啥 shá (방언) 무엇 ㅣ 回头 huítóu 조금 있다가 ㅣ 忙不过来 máng bu guòlái 바빠서 어쩔 줄 모르다
遭白眼 zāo báiyǎn 눈총을 받다 ㅣ 以后 yǐhòu 이후 ㅣ 应该 yīnggāi 당연히 …할 것이다

상황1	A: 你在干啥啊? Nǐ zài gàn shá a?
	B: 我忙着呢，有什么事回头再说吧。 Wǒ mángzhe ne, yǒu shénme shì huítóu zài shuō ba.
	A: 你忙不过来的话，我给你打下手，免得开会时遭老板的白眼。 Nǐ máng bu guòlái de huà, wǒ gěi nǐ dǎ xiàshǒu, miǎnde kāi huì shí zāo lǎobǎn de báiyǎn.
상황2	A: 你喜欢做什么? Nǐ xǐhuan zuò shénme?
	B: 我喜欢做菜。 Wǒ xǐhuan zuò cài.
	A: 哦，最拿手的菜是什么? 以后给我露一手吧。 ò, zuì náshǒu de cài shì shénme? Yǐhòu gěi wǒ lòu yì shǒu ba.
상황3	A: 你猜是什么。 Nǐ cāi shì shénme.
	B: 啥呀? 你又买东西了? Shá ya? Nǐ yòu mǎi dōngxi le?
	A: 我非常喜欢这件开衫。以后应该会爱不释手。 Wǒ fēicháng xǐhuan zhè jiàn kāi shān. Yǐhòu yīnggāi huì àibúshìshǒu.

중국인들 활용법

不善 bú shàn 잘 하지 못하다

理财 lǐ cái 재테크

花钱大手大脚，不善理财。
Huā qián dàshǒudàjiǎo, bú shàn lǐ cái.
돈 쓰는 게 헤퍼요, 재테크 잘 못해요.

让我爱不释手呢。
Ràng wǒ àibúshìshǒu ne.
손에서 놓지 못하게 만들어요.(너무 맘에 들어요)

드라마 속에서 쓰인 오늘의 패턴　5번 입으로 읽어보세요　1　2　3　4　5

A: 因为我现在有稳定的收入和工作，我可以养他。
Yīnwèi wǒ xiànzài yǒu wěndìng de shōurù hé gōngzuò, wǒ kěyǐ yǎng tā.
等他毕业之后，我们再一起打拼。
Děng tā bì yè zhīhòu, wǒmen zài yìqǐ dǎpīn.
저는 지금 안정적인 월급이랑 일자리가 있으니까요, 제가 그를 책임질 수 있어요.

그가 졸업하고 나면, 같이 악착같이 노력해야죠.

B: 你这臭丫头说什么呢你。就你这点儿工资，大手大脚的。能剩多少啊?
Nǐ zhè chòu yātou shuō shénme ne nǐ. Jiù nǐ zhè diǎnr gōngzī, dàshǒudàjiǎo de. Néng shèng duōshao a?
이 계집애가 뭐라고 하는 거야. 너 그 월급에, 헤픈 거에. 얼마나 남길 수 있다고!

稳定 wěndìng 안정적이다 | 收入 shōurù 수입 | 养 yǎng 부양하다 | 毕业 bì yè 졸업하다
打拼 dǎpīn 최선을 다하다 | 臭丫头 chòu yātou 계집애(년) | 工资 gōngzī 월급 | 剩 shèng 남다

20 충전기를 커피숍에 두고 왔어요.

아는 단어, 문장 끄집어내 직접 적어보기

▶ _____

_____

▶ _____

_____

오늘의 표현	A를 B에 두고 왔어요. 把A 忘在B bǎ A wàngzài B

주어	기타등등	동사	목적어
제가	충전기를	깜박했어요+커피숍에	
我 Wǒ	把充电器 bǎ chōngdiànqì	忘在咖啡厅(里)了 wàngzài kāfēitīng (lǐ) le	

★리얼tip★
忘의 원래 뜻은 '잊어버리다'인데, 물건을 깜빡하고 두고 온 경우에도 사용할 수 있다는 점을 잊지 마세요.

말중작 해보기

1. 보조배터리를 집에 두고 왔어요.

2. 여권을 소파 위에 두고 왔어요.

3. 문서를 식당에 두고 왔어요.

4. 카메라를 서랍 안에 두고 왔어요.

5. 외투를 술집에 두고 왔어요.

참고 단어

充电宝 chōngdiànbǎo 보조배터리

护照 hùzhào 여권

沙发 shāfā 소파(sofa)

文件 wénjiàn 서류

照相机 zhàoxiàngjī 카메라

抽屉 chōutì 서랍

外套 wàitào 외투

酒吧 jiǔbā 술집

정답을 맞혀보면서 5번 입으로 읽어보세요   1   2   3   4   5

1 보조배터리를 집에 두고 왔어요.	我把充电宝忘在家(里)了。 Wǒ bǎ chōngdiànbǎo wàngzài jiā (lǐ) le.
2 여권을 소파 위에 두고 왔어요.	我把护照忘在沙发上了。 Wǒ bǎ hùzhào wàngzài shāfā shàng le.
3 문서를 식당에 두고 왔어요.	我把文件忘在饭馆儿(里)了。 Wǒ bǎ wénjiàn wàngzài fànguǎnr (lǐ) le.
4 카메라를 서랍 안에 두고 왔어요.	我把照相机忘在抽屉里了。 Wǒ bǎ zhàoxiàngjī wàngzài chōutì lǐ le.
5 외투를 술집에 두고 왔어요.	我把外套忘在酒吧(里)了。 Wǒ bǎ wàitào wàngzài jiǔbā (lǐ) le.

★리얼tip★

원래 장소 명사가 아닌 일반 명사를 장소처럼 사용하려면 上, 下, 里 같은 방위사를 함께 써줘야 해요.
예문의 소파, 서랍은 일반명사이기 때문에 방위사를 붙였어요.

말중작 업그레이드   다른 동사 활용하기: 핸드폰을 친구네에 빠뜨리고 왔어.

주어	기타등등	동사	목적어
제가	핸드폰을	빠뜨렸어요+친구집에	
我 Wǒ	**把手机** bǎ shǒujī	**落在朋友家里了** làzài péngyou jiā (lǐ) le	

말중작 해보기(2)

落는 발음이 두 가지에요. 구분해 암기해보세요
1) **luò** : 떨어지다, 2) **là** : 빠뜨리다

1. 영수증을 차에 빠뜨리고 왔어.

2. 열쇠를 사무실에 빠뜨리고 왔어.

3. 우산을 전철에 빠뜨리고 왔어.

4. 카드를 ATM기에 빠뜨리고 왔어.

5. 손자를 버스에 빠뜨리고 왔어.

참고 단어

发票 fāpiào 영수증

钥匙 yàoshi 열쇠

办公室 bàngōngshì 사무실

雨伞 yǔsǎn 우산

ATM机 ATMjī ATM기

孙子 sūnzi 손자

말중작 정답(2)

정답을 맞혀보면서 5번 입으로 읽어보세요   1   2   3   4   5

1	영수증을 차에 빠뜨리고 왔어.	我把发票落在车上了。 Wǒ bǎ fāpiào làzài chē shàng le.
2	열쇠를 사무실에 빠뜨리고 왔어.	我把钥匙落在办公室(里)了。 Wǒ bǎ yàoshi làzài bàngōngshì (lǐ) le.
3	우산을 전철에 빠뜨리고 왔어.	我把雨伞落在地铁上了。 Wǒ bǎ yǔsǎn làzài dìtiě shàng le.
4	카드를 ATM기에 빠뜨리고 왔어.	我把卡落在ATM机里了。 Wǒ bǎ kǎ làzài ATM jī lǐ le.
5	손자를 버스에 빠뜨리고 왔어.	我把孙子落在公共汽车上了。 Wǒ bǎ sūnzi làzài gōnggòng qìchē shàng le.

★리얼tip★

교통수단에는 里 말고도, 上을 쓸 수 있어요.

답정너로 상황 연습

상황1	A: 너 왜 그래? 어째서 계속 폰이 꺼져 있어? 핸드폰 고장 난 거 아니지?
	B: 나 충전기를 집에 두고 왔고, 보조배터리도 사무실에 두고 왔어.
	A: 너 내 충전기로 충전해, 누군가 널 찾을 때 못 받지 않게.
상황2	A: 안녕하세요. 어제 이 카디건을 샀는데요. 하루 입고 바로 보풀 났어요. 이게 어떻게 된 일이죠? 품질 너무 떨어지는 거 아닌가요? 저 환불하고 싶어요.
	B: 죄송합니다. 영수증 있으세요?
	A: 영수증 차에 두고 왔는데, 어떻게 하죠?
상황3	A: 너 왜 그래? 어째서 감기 걸렸어?
	B: 나 어제 울적해서 혼자 술 마셨거든, 술 취해서 외투를 술집에 빠뜨리고 왔지 뭐야.
	A: 맙소사, 요즘 감기 무서워. 병원 가서 주사 맞아, 고생 안 하도록.

关机 guān jī 전원을 끄다 | 接 jiē (전화) 받다 | 开衫 kāishān 카디건 | 起毛 qǐmáo 보풀이 일다 | 差 chà 나쁘다
退 tuì 물리다 | 喝闷酒 hē mènjiǔ 혼자 술을 마시다 | 醉 zuì 취하다 | 厉害 lìhai 대단하다 | 打针 dǎ zhēn 주사 놓다
遭罪 zāo zuì 고생하다

상황1	A: 你怎么了？怎么一直关机？手机是不是坏了？ Nǐ zěnme le? Zěnme yìzhí guān jī? Shǒujī shì bu shì huài le? B: 我把充电器忘在家(里)了，把充电宝也忘在办公室(里)了。 Wǒ bǎ chōngdiànqì wàngzài jiā (lǐ) le, bǎ chōngdiànbǎo yě wàngzài bàngōngshì (lǐ) le. A: 你用我的充电器充电吧，免得有人找你时不能接。 Nǐ yòng wǒ de chōngdiànqì chōng diàn ba, miǎnde yǒu rén zhǎo nǐ shí bù néng jiē.
상황2	A: 您好，我昨天买了这件开衫。穿了一天就起毛了。 Nín hǎo, wǒ zuótiān mǎile zhè jiàn kāishān. Chuānle yì tiān jiù qǐmáo le. 这是怎么回事儿啊？质量是不是太差了？我想退。 Zhè shì zěnme huí shìr a? Zhìliàng shì bu shì tài chà le? Wǒ xiǎng tuì. B: 对不起，您有发票吗？ Duìbuqǐ, nín yǒu fāpiào ma? A: 我把发票忘在车上了，怎么办？ Wǒ bǎ fāpiào wàngzài chē shàng le, zěnme bàn?
상황3	A: 你怎么了？怎么感冒了？ Nǐ zěnme le? Zěnme gǎnmào le? B: 昨天喝闷酒了。喝醉了之后，把外套落在酒吧(里)了。 Zuótiān hē mènjiǔ le. Hēzuì le zhīhòu, bǎ wàitào làzài jiǔbā (lǐ) le. A: 天啊，最近感冒很厉害。去医院打针，免得遭罪。 Tiān a, zuìjìn gǎnmào hěn lìhai. Qù yīyuàn dǎ zhēn, miǎnde zāo zuì.

중국인들 활용법

他把自己的车落在现场。
Tā bǎ zìjǐ de chē làzài xiànchǎng.
그는 자신의 차를 현장에 빠뜨리고 갔어요.

他把自己的车落在现场。

现场 xiànchǎng 현장

夏天 xiàtiān 여름

夏天请别把孩子忘在车上。
Xiàtiān qǐng bié bǎ háizi wàngzài chē shàng.
여름에 아이를 차에 깜빡하지 마세요.

드라마 속에서 쓰인 오늘의 패턴   5번 입으로 읽어보세요 1 2 3 4 5

A: 你老婆现在被你丢到这个高速公路上面了。 她现在跟我们在一起。
　　Nǐ lǎopo xiànzài bèi nǐ diūdào zhè ge gāosù gōnglù shàngmiàn le. Tā xiànzài gēn wǒmen zài yìqǐ.
　　당신 아내가 (당신 때문에) 지금 고속도로 위에 방치돼있어요. 그녀가 지금 우리와 함께 있습니다.

你要把老婆带上啊。她在不在车上，你不清楚吗？
Nǐ yào bǎ lǎopo dàishàng a. Tā zài bu zài chē shàng, nǐ bù qīngchu ma?
당신이 아내를 챙겼어야죠. 아내가 차에 있는지 없는지도 모르나요?

실제로 중국에서 고속도로에 아내를 깜빡 두고 간
사건이 있었어요. 경찰이 남편에게 전화하는 장면
이에요. 같은 상황 속 다른 표현들을 익혀봅시다.

丢 diū 내버리다, 내버려두다 ┃ 高速公路 gāosù gōnglù 고속도로 ┃ 带 dài 데리다 ┃ 清楚 qīngchu 분명하다

묶어보기

다음 한글을 보고 중국어로 말해보세요.

	패턴(한국어문장)	말중작
11	저와 여동생은 성격 차이가 무시무시하게 나요.	
12	키가 작아도 괜찮아요, 비율이 관건이에요.	
13	현대인에게 있어서, 혼자 밥 먹는 건 일상이에요.	
14	깜빡한 거 아니지?	
15	심지어 집도 팔았는데, 하물며 차는...	
16	LG 선수는 호락호락하지 않아.	
17	이게 뭔지 맞혀봐. 이따가 알려줄게.	
18	이불 잘 덮어, 감기 걸리지 않게.	
19	드디어 솜씨를 발휘할 기회가 생겼어요.	
20	충전기를 커피숍에 두고 왔어요.	

묶어보기(답안)

정답을 맞혀보면서 5번 입으로 읽어보세요   1   2   3   4   5

	패턴(한국어문장)	말중작
11	저와 여동생은 성격 차이가 무시무시하게 나요.	我和妹妹性格相差十万八千里。
12	키가 작아도 괜찮아요, 비율이 관건이에요.	个子矮不要紧，关键的是比例。
13	현대인에게 있어서, 혼자 밥 먹는 건 일상이에요.	对现代人来说， 一个人吃饭是家常便饭。
14	깜빡한 거 아니지?	是不是忘了？
15	심지어 집도 팔았는데, 하물며 차는...	连房子也卖了，更何况是车。
16	LG 선수는 호락호락하지 않아.	LG选手不是吃素的。
17	이게 뭔지 맞혀봐. 이따가 알려줄게.	你猜这是什么。回头告诉你。
18	이불 잘 덮어, 감기 걸리지 않게.	盖好被子，免得着凉。
19	드디어 솜씨를 발휘할 기회가 생겼어요.	终于有机会露一手了。
20	충전기를 커피숍에 두고 왔어요.	我把充电器忘在咖啡厅(里)了。

21 입방정, 틀림없이 방법이 있을 거야.

아는 단어, 문장 끄집어내 직접 적어보기

▶ _____

_____

▶ _____

_____

오늘의 표현	틀림없이 肯定 kěndìng

주어	기타등등	동사	목적어	(문장 맨 뒤)
	틀림없이+일 것이다	있다	방법	
	肯定会 Kěndìng huì	有 yǒu	办法 bànfǎ	(的) (de)

★리얼tip★

会의 뜻이 '~할 줄 안다'로 쓰일 때는 문장 뒤에 的를 붙일 수 없지만, '~일 것이다(예측, 추측)'인 경우에는 的를 쓸 수 있어요.

말중작 해보기

1. 틀림없이 효과가 있을 거야.

2. 틀림없이 싹수가 있어. (출세할 거야)

3. 틀림없이 별(뭔)일 없을 거야.

4. 틀림없이 식중독이야.

5. 틀림없이 스팸 전화야.

참고 단어

效果 xiàoguǒ 효과

有出息 yǒu chūxi 출세하다

没事 méishì 괜찮다, (별)일 없다

食物中毒 shíwù zhòngdú 식중독

骚扰电话 sāorǎo diànhuà 스팸 전화

정답을 맞혀보면서 5번 입으로 읽어보세요   1   2   3   4   5

1 틀림없이 효과가 있을 거야.	肯定会有效果(的)。 Kěndìng huì yǒu xiàoguǒ (de).
2 틀림없이 싹수가 있어. (출세할 거야)	肯定会有出息(的)。 Kěndìng huì yǒu chūxi (de).
3 틀림없이 별(뭔)일 없을 거야.	肯定会没事(的)。 Kěndìng huì méishì (de).
4 틀림없이 식중독이야.	肯定是食物中毒。 Kěndìng shì shíwù zhòngdú.
5 틀림없이 스팸 전화야.	肯定是骚扰电话。 Kěndìng shì sāorǎo diànhuà.

말중작 업그레이드	입방정 乌鸦嘴 wūyāzuǐ	한국인들도 '까마귀'를 불길한 징조로 여기죠. 중국에서도 '까마귀 입'이라는 표현으로 '입방정, 불길한 말을 잘하는 사람'을 표현한다는 점을 기억해보세요.

주어	기타등등	동사	목적어
입방정			
乌鸦嘴 Wūyāzuǐ			

★리얼tip★

乌鸦嘴 단독 사용 외에도, 你这个乌鸦嘴(너 이 입방정), 闭上 bìshàng 你的乌鸦嘴 (그 방정스러운 입 좀 닫아), 你真是个乌鸦嘴(너는 정말이지 입방정이다) 같이 다양한 문장으로도 활용할 수 있어요.

말중작 해보기(2)

1. 입방정, 틀림없이 방법이 있을 거야.

2. 입방정, 틀림없이 효과가 있을 거야.

3. 입방정, 그는 틀림없이 출세할 거야.

4. 입방정, 그는 틀림없이 별일 없을 거야.

5. 입방정, 틀림없이 스팸 전화야.

정답을 맞혀보면서 5번 입으로 읽어보세요　1　2　3　4　5

1 입방정, 틀림없이 방법이 있을 거야.	乌鸦嘴，肯定会有办法(的)。 Wūyāzuǐ, kěndìng huì yǒu bànfǎ (de).
2 입방정, 틀림없이 효과가 있을 거야.	乌鸦嘴，肯定会有效果(的)。 Wūyāzuǐ, kěndìng huì yǒu xiàoguǒ (de).
3 입방정, 그는 틀림없이 출세할 거야.	乌鸦嘴，肯定会有出息(的)。 Wūyāzuǐ, kěndìng huì yǒu chūxi (de).
4 입방정, 그는 틀림없이 별일 없을 거야.	乌鸦嘴，肯定会没事(的)。 Wūyāzuǐ, kěndìng huì méishì (de).
5 입방정, 틀림없이 스팸 전화야.	乌鸦嘴，肯定是骚扰电话。 Wūyāzuǐ, kěndìng shì sāorǎo diànhuà.

답정너로 상황 연습

상황1	A: 나 어제부터 토하고 설사해. 견딜 수가 없어. 나 죽는 걸까? B: 뭔 소리야! 너 이 입방정!! 우리 병원 가자. 틀림없이 식중독이야, 약 먹으면 좋아질 거야.
상황2	A: 왜 그래? B: 10개 부재중 전화가 있는데, 한 번호(같은 번호)야. 게다가 방금 전화 걸어봤는데, 아무도 안 받아. 무슨 일 생긴 건가? A: 입방정 좀 그만해(입 닫아). 틀림없이 스팸 전화야.
상황3	A: 이번 수학 시험 합격 못 하면, 졸업 못 해. 졸업 못 하면 일자리를 못 찾고... 내 인생은 너무 실패했어. B: 너는 정말이지 입방정이다. 틀림없이 합격할 거야. 이후의 일은 이후에 다시 얘기하자.

참고 단어

上吐下泻 shàngtùxiàxiè 토하고 설사하다 | 未接电话 wèijiē diànhuà 부재중전화 | 接 jiē (전화) 받다
数学 shùxué 수학 | 考试 kǎoshì 시험(하다) | 及格 jí gé 합격하다 | 毕业 bì yè 졸업(하다) | 人生 rénshēng 인생
失败 shībài 실패(하다)

상황1	A: 我从昨天开始上吐下泻。受不了了。我会死吗? Wǒ cóng zuótiān kāishǐ shàngtùxiàxiè. Shòu bu liǎo le. Wǒ huì sǐ ma? B: 说什么呢! 你这个乌鸦嘴! 咱们去医院吧。 Shuō shénme ne! Nǐ zhè ge wūyāzuǐ! Zánmen qù yīyuàn ba. 肯定是食物中毒, 吃完药就会好(的)。 Kěndìng shì shíwù zhòngdú, chīwán yào jiù huì hǎo (de).
상황2	A: 怎么了? Zěnme le? B: 有十个未接电话, 是一个号码。而且刚才我打过去, 没有人接。 Yǒu shí ge wèijiē diànhuà, shì yí ge hàomǎ. érqiě gāngcái wǒ dǎ guòqù, méiyǒu rén jiē. 发生什么事了吗? Fāshēng shénme shì le ma? A: 闭上你的乌鸦嘴。肯定是骚扰电话。 Bìshàng nǐ de wūyāzuǐ. Kěndìng shì sāorǎo diànhuà.
상황3	A: 这次数学考试不及格的话, 不能毕业, 不能毕业的话, Zhè cì shùxué kǎoshì bù jí gé de huà, bù néng bì yè, bù néng bì yè de huà, 不能找工作。我的人生太失败了。 bù néng zhǎo gōngzuò. Wǒ de rénshēng tài shībài le. B: 你真是个乌鸦嘴。你肯定会及格(的)。以后的事以后再说吧。 Nǐ zhēnshi ge wūyāzuǐ. Nǐ kěndìng huì jí gé (de). Yǐhòu de shì yǐhòu zài shuō ba.

중국인들 활용법

分量 fènliàng 분량, 무게

够 gòu 충분하다

灵 líng 신통하다, 효력이 있다

分量肯定不够。
Fènliàng kěndìng bú gòu.
양이 틀림없이 부족해요.

为什么乌鸦嘴特别灵?
Wèishénme wūyāzuǐ tèbié líng?
왜 입방정은 꼭 잘 맞을까요?

드라마 속에서 쓰인 오늘의 패턴
5번 입으로 읽어보세요 1 2 3 4 5

A: 万一你的乌鸦嘴灵验怎么办?
Wànyī nǐ de wūyāzuǐ língyàn zěnme bàn?
만에 하나 너 입방정대로 되면 어떡해?

B: 不可能灵验的。
Bù kěnéng língyàn de.
그럴 리 없어.

万一 wànyī 만일 | 灵验 língyàn (예언 등) 잘 맞다 | 不可能 bù kěnéng …할 리 없다

22 내가 미리 경고하고 싶은데...
내일 회의 있어.

▶ _____

▶ _____

오늘의 표현	내가 ~를 미리 알려주고(경고하고) 싶은데
	我想提醒你~ wǒ xiǎng tíxǐng nǐ...

주어	기타등등	동사	목적어1	목적어2
내가	하고싶어	경고하다	너한테	내일+있다+회의
我 Wǒ	**想** xiǎng	**提醒** tíxǐng	**你** nǐ	**明天有会议** míngtiān yǒu huìyì

★리얼tip★
提醒은 목적어를 2개 가질 수 있는 이중 목적어 동사예요. 이중 목적어 문장의 목적어는 대부분 첫 번째 목적어는 사람, 두 번째 목적어는 사물이 와요.

말중작 해보기

1. 내가 미리 알려주고 싶은데, 내일 데이트(약속) 있어.

2. 내가 미리 알려주고 싶은데, 내일 10시에 고객이 사무실 와.

3. 내가 미리 알려주고 싶은데, 방세가 이미 밀렸어.

4. 내가 미리 알려주고 싶은데, 그런 종류의 사람이랑은 왕래하지 마.
   (친하게 지내지 마)

참고 단어

约会 yuēhuì 약속

客人 kèrén 손님

房租 fángzū 방세

已 yǐ 이미

到期 dào qī 기한이 되다

种 zhǒng 종류

来往 láiwǎng 왕래하다

정답을 맞혀보면서 5번 입으로 읽어보세요   1   2   3   4   5

1	미리 알려주고 싶은데, 내일 데이트(약속) 있어.	我想提醒你明天有约会。 Wǒ xiǎng tíxǐng nǐ míngtiān yǒu yuēhuì.
2	미리 알려주고 싶은데, 내일 10시에 고객이 사무실 와.	我想提醒你明天10点客人来办公室。 Wǒ xiǎng tíxǐng nǐ míngtiān shí diǎn kèrén lái bàngōngshì.
3	미리 알려주고 싶은데, 방세가 이미 밀렸어.	我想提醒你房租已到期了。 Wǒ xiǎng tíxǐng nǐ fángzū yǐ dào qī le.
4	미리 알려주고 싶은데, 그런 사람이랑 왕래하지마.	我想提醒你不要跟那种人来往。 Wǒ xiǎng tíxǐng nǐ búyào gēn nà zhǒng rén láiwǎng.

提醒 활용하기

	응용 표현	뜻
1	你能提醒我...吗? Nǐ néng tíxǐng wǒ...ma?	~하라고 상기시켜(미리 말해) 줄 수 있어?
2	....请你提醒我。 ... qǐng nǐ tíxǐng wǒ.	~하면 알려주세요.

말중작 해보기(2)

1. 우산 챙기라고 상기시켜 줄 수 있어?

2. 여권 챙기라고 상기시켜 줄 수 있어?

3. 지갑 챙기라고 상기시켜 줄 수 있어?

4. 역에 도착하면 알려주세요.

5. 회의 시간이 되면 알려주세요.

6. 무슨 문제가 발견되면 알려주세요.

참고 단어

带 dài 휴대하다

护照 hùzhào 여권

钱包 qiánbāo 지갑

到站 dào zhàn
정거장에 도착하다

开会 kāi huì 회의를 열다

发现 fāxiàn 발견하다

问题 wèntí 문제

말중작 정답(2)

정답을 맞혀보면서 5번 입으로 읽어보세요 1 2 3 4 5

1	우산 챙기라고 상기시켜 줄 수 있어?	你能提醒我带雨伞吗? Nǐ néng tíxǐng wǒ dài yǔsǎn ma?
2	여권 챙기라고 상기시켜 줄 수 있어?	你能提醒我带护照吗? Nǐ néng tíxǐng wǒ dài hùzhào ma?
3	지갑 챙기라고 상기시켜 줄 수 있어?	你能提醒我带钱包吗? Nǐ néng tíxǐng wǒ dài qiánbāo ma?
4	역에 도착하면 알려주세요.	到站请你提醒我。 Dào zhàn qǐng nǐ tíxǐng wǒ.
5	회의 시간이 되면 알려주세요.	到开会时间请你提醒我。 Dào kāi huì shíjiān qǐng nǐ tíxǐng wǒ.
6	무슨 문제가 발견되면 알려주세요.	发现什么问题请你提醒我。 Fāxiàn shénme wèntí qǐng nǐ tíxǐng wǒ.

답정너로 상황 연습

상황1	A: 이 부장님, 제 보고서입니다. B: 알았어. 나 지금 공항 가서 사장님 마중해. 돌아와서 볼게. 그때 다시 상기시켜줘.
상황2	A: 너 어디 가? B: 나 은행가는 길이야. 넌? A: 나도, 우리 같이 가자. B: 좋지. 가는 김에 도서관 가서 책 반납하라고 나한테 상기시켜줄 수 있어? 나 곧 연체야.
상황3	A: 너 东东이 알아? B: 걔 우리 회사 새 직장동료야. 왜? A: 걔 고등학교 동창인데, 내 핸드폰을 훔친 적이 있어. 내가 미리 알려주는데, 그런 종류의 사람이랑은 친하게 지내지 마.

참고 단어

部长 bùzhǎng 부장 | 报告 bàogào 보고(하다), 보고서 | 接 jiē 마중하다 | 还 huán 반납하다

认识 rènshi 알다, 인식하다 | 高中 gāozhōng 고등학교 | 偷 tōu 훔치다

상황1	A: 李部长，这是我的报告。 Lǐ bùzhǎng, zhè shì wǒ de bàogào. B: 好，我现在去机场接老板，回来看吧。到时候再提醒我吧。 Hǎo, wǒ xiànzài qù jīchǎng jiē lǎobǎn, huílái kàn ba. Dào shíhòu zài tíxǐng wǒ ba.
상황2	A: 你去哪儿？ Nǐ qù nǎr? B: 我在去银行的路上。你呢？ Wǒ zài qù yínháng de lù shàng. Nǐ ne? A: 我也是。咱们一起去吧。 Wǒ yě shì. Zánmen yìqǐ qù ba. B: 好啊。你能不能提醒我顺便去图书馆还书？快到期了。 Hǎo a. Nǐ néng bu néng tíxǐng wǒ shùnbiàn qù túshūguǎn huán shū? Kuài dào qī le.
상황3	A: 你认识东东吗？ Nǐ rènshi Dōngdōng ma? B: 他是我们公司的新同事。怎么了？ Tā shì wǒmen gōngsī de xīn tóngshì. Zěnme le? A: 他是高中同学。他偷过我的手机。 Tā shì gāozhōng tóngxué. Tā tōuguo wǒ de shǒujī. 我想提醒你不要跟那种人来往。 Wǒ xiǎng tíxǐng nǐ búyào gēn nà zhǒng rén láiwǎng

중국인들 활용법

软件 ruǎnjiàn 소프트웨어

请提醒我九点前给她打电话。
Qǐng tíxǐng wǒ jiǔ diǎn qián gěi tā dǎ diànhuà.
9시 전에 그녀에게 전화해야 한다고 상기시켜주세요.

手机提醒软件哪个好？
Shǒujī tíxǐng ruǎnjiàn nǎ ge hǎo?
핸드폰 알람 애플리케이션은 뭐가 좋아요?

드라마 속에서 쓰인 오늘의 패턴   5번 입으로 읽어보세요   1   2   3   4   5

A: 还有一件事我想要提醒你，
Hái yǒu yí jiàn shì wǒ xiǎng yào tíxǐng nǐ,
그리고 또 한 가지 너한테 미리 말해 둘 게 있는데,

千万不要再把所有的精力都花在我一个人身上。
qiānwàn búyào zài bǎ suǒyǒu de jīnglì dōu huāzài wǒ yí ge rén shēn shàng.
앞으로 부디 너의 모든 에너지를 나한테 쏟지 말아 주길 바라.

件 jiàn (양사) 건 | 精力 jīnglì 정력, 에너지 | 花 huā (돈, 시간) 쓰다

23 운이 좋았을 뿐이에요, 겨우 승진했어요.

오늘의 표현	가까스로(겨우) ~했어. 好不容易~了。 hǎo bu róngyì...le.

주어	기타등등	동사	목적어
내가	가까스로	승진하다+(과거)	
我 Wǒ	好不容易 hǎo bu róngyì	升职了 shēng zhí le	

★리얼tip★

好不容易는 好容易로 써도 의미가 같아요.　　ex) 好不容易升职了=好容易升职了。

말중작 해보기

1. 가까스로 대학에 합격했어요.

2. 가까스로 일자리를 찾아(냈)어요.

3. 가까스로 휴가를 얻어(냈)어요.

4. 가까스로 표를 사(냈)어요.

5. 가까스로 집을 샀어요.

참고 단어

考上 kǎoshàng 합격하다

得 dé 얻다

休假 xiū jià 휴가(를 보내다)

买房 mǎi fáng 집 사다

정답을 맞혀보면서 5번 입으로 읽어보세요 1   2   3   4   5

1 가까스로 대학에 합격했어요.	我好不容易考上大学了。 Wǒ hǎo bu róngyì kǎoshàng dàxué le.
2 가까스로 일자리를 찾아(냈)어요.	我好不容易找到工作了。 Wǒ hǎo bu róngyì zhǎodào gōngzuò le.
3 가까스로 휴가를 얻어(냈)어요.	我好不容易得到休假了。 Wǒ hǎo bu róngyì dédào xiū jià le.
4 가까스로 표를 사(냈)어요.	我好不容易买到票了。 Wǒ hǎo bu róngyì mǎidào piào le.
5 가까스로 집을 샀어요.	我好不容易买房了。 Wǒ hǎo bu róngyì mǎi fáng le.

★리얼tip★

단어의 뒤에 결과 보어 到를 붙이면 목적 달성의 뉘앙스가 생겨요. '드디어 ~했다, ~해냈다' 정도로 해석하면 된답니다.

말중작 업그레이드 운이 좋았을 뿐이에요, 겨우 승진했어요.
~而已 ...éryǐ

주어	기타등등	동사/형용사	(문장 맨 뒤)
운이		좋다	~뿐이다
运气 Yùnqi		好 hǎo	而已 éryǐ

말중작 해보기(2)

1. 운이 좋았을 뿐이에요, 겨우 승진했어요.

2. 운이 좋았을 뿐이에요, 겨우 대학에 합격했어요.

3. 운이 좋았을 뿐이에요, 겨우 일자리를 찾아(냈)어요.

4. 운이 좋았을 뿐이에요, 겨우 표를 사(냈)어요.

5. 운이 좋았을 뿐이에요, 겨우 집을 샀어요.

정답을 맞혀보면서 5번 입으로 읽어보세요 1 2 3 4 5

1	운이 좋았을 뿐이에요, 겨우 승진했어요.	运气好而已，好不容易升职了。 Yùnqi hǎo éryǐ, hǎo bu róngyì shēng zhí le.
2	운이 좋았을 뿐이에요, 겨우 대학에 합격했어요.	运气好而已，好不容易考上大学了。 Yùnqi hǎo éryǐ, hǎo bu róngyì kǎoshàng dàxué le.
3	운이 좋았을 뿐이에요. 겨우 일자리를 찾아(냈)어요.	运气好而已，好不容易找到工作了。 Yùnqi hǎo éryǐ, hǎo bu róngyì zhǎodào gōngzuò le.
4	운이 좋았을 뿐이에요. 겨우 표를 사(냈)어요.	运气好而已，好不容易买到票了。 Yùnqi hǎo éryǐ, hǎo bu róngyì mǎidào piào le.
5	운이 좋았을 뿐이에요. 겨우 집을 샀어요.	运气好而已，好不容易买房了。 Yùnqi hǎo éryǐ, hǎo bu róngyì mǎi fáng le.

★리얼tip★

而已는 앞에 '단지, 고작'이라는 뜻의 只是, 不过是 같은 단어를 붙여 활용하기도 해요.
只是运气好而已。只不过是运气好而已。의 형태도 암기해보세요.

답정너로 상황 연습

상황1	A: 너 왜 그래? 무슨 일 있어? B: 너도 알지? 나 겨우 휴가를 얻었거든. 그런데 일기예보에서 다음 주에 계속 비 온대. 내 여행 계획은 수포가 됐어. A: 입방정, 틀림없이 방법이 있을 거야. 일단 걱정하지 마.
상황2	A: 듣자 하니까 아들이 취업했다며. 아들이 이렇게 장래(싹수)가 있고, 얼마나 좋아. B: 아니야, 우리 아들 겨우 취업한 거야. 요즘 일자리 구하기 어렵잖아, 운이 좋았던 것 뿐이야.
상황3	A: 겨우 다 같이 모였잖아. 오늘은 취하기 전까지 집에 안 가는 거다. B: 좋지. 근데 너 직장동료 자격으로 한마디 하는데 내일 아침에 회의 있다. A: 분위기 깨지마, 회사의 일은 내일 다시 생각하자.

참고 단어

泡汤 pào tāng 물거품이 되다 ㅣ 担心 dān xīn 걱정하다 ㅣ 有出息 yǒu chūxi 장래성이 있다 ㅣ 聚在一起 jùzài yìqǐ 한데 모이다 ㅣ 醉 zuì 취하다 ㅣ 归 guī 돌아가다 ㅣ 以… 身份 yǐ…shēnfèn ~자격으로 ㅣ 扫兴 sǎo xing 흥(기분)이 깨지다

상황1

A: 你怎么了? 有什么事吗?
Nǐ zěnme le? Yǒu shénme shì ma?

B: 你知道吧? 我**好不容易**得到休假了，不过听天气预报说，
Nǐ zhīdào ba? wǒ hǎo bu róngyì dédào xiū jià le, búguò tīng tiānqì yùbào shuō,

下星期一直下雨。我的旅行计划泡汤了。
xià xīngqī yìzhí xià yǔ. Wǒ de lǚxíng jihuà pào tāng le.

A: 乌鸦嘴，肯定会有办法的。先不要担心。
Wūyāzuǐ, kěndìng huì yǒu bànfǎ de. Xiān búyào dān xīn.

상황2

A: 听说你儿子找到工作了。儿子这么有出息，多好啊!
Tīngshuō nǐ érzi zhǎodào gōngzuò le. érzi zhème yǒu chūxi, duō hǎo a!

B: 哪里哪里，我儿子是**好不容易**找到工作的。
Nǎlǐ nǎlǐ, wǒ érzi shì hǎo bu róngyì zhǎodào gōngzuò de.

最近找工作很难，运气好而已。
Zuìjìn zhǎo gōngzuò hěn nán, yùnqi hǎo éryǐ.

> 是~的강조구문 : 강조하는 단어(주로 기타 등등; 시간, 장소, 방법 등) 앞에 **是**, 문장 맨 뒤에 **的**를 붙여요.

상황3

A: **好不容易**聚在一起了。今天不醉不归。
Hǎo bu róngyì jùzài yìqǐ le. Jīntiān bú zuì bù guī.

B: 好啊，不过我以同事的身份提醒你明天早上有会议。
Hǎo a, búguò wǒ yǐ tóngshì de shēnfèn tíxǐng nǐ míngtiān zǎoshang yǒu huìyì.

A: 别扫兴了，公司的事明天再想吧。
Bié sǎo xìng le, gōngsī de shì míngtiān zài xiǎng ba.

중국인들 활용법

瀑布 pùbù 폭포

好不容易看见瀑布了，好漂亮。
Hǎo bu róngyì kànjiàn pùbù le, hǎo piàoliang.
겨우 폭포를 봤어요, 너무 아름답네요.

一生 yìshēng 일생

属于 shǔyú …에 속하다

不过 búguò …에 지나지 않다

使用者 shǐyòngzhě 사용자

人的一生, 什么都不属于你, 你**不过**是使用者**而已**。
Rén de yìshēng, shénme dōu bù shǔyú nǐ, nǐ búguò shì shǐyòngzhě éryǐ.
인간의 일생은 무엇도 본인에게 속하지 않아요, 당신은 사용자에 지나지 않을 뿐이에요.

> 不过가 접속사로 쓰이면 '하지만'이라는 뜻이지만, 부사로 쓰이면 '~에 지나지 않다'라는 뜻이 있어요.

드라마 속에서 쓰인 오늘의 패턴   5번 입으로 읽어보세요 1 2 3 4 5

A: **好不容易**一家人在一起吃顿饭，干吗要弄到那么多难堪啊。
Hǎo bu róngyì yì jiārén zài yìqǐ chī dùn fàn, gànmá yào nòngdào nàme duō nánkān a.
쉽지 않게 한 가족이 모여서 밥 한 끼 먹는데, 뭐 하러 이렇게까지 난감하게 만들려고 하니?

顿 dùn (양사) 끼, 끼니 ┃ 干吗 gànmá 어째서, 왜 ┃ 难堪 nánkān 난감하다, 참기 어렵다

실패할지언정 후회는 안 해.

오늘의 표현	~할지언정
	宁可~ nìngkě...

접속사	주어	기타등등	동사	목적어
~지언정			실패하다	
宁可 Nìngkě			**失败** shībài	

★리얼tip★
宁可 A, 也不 B를 기본으로 활용 연습해볼게요.

말중작 해보기

1. 배고파 죽을지언정 다른 사람 것은 안 훔쳐.

2. 배고파 죽을지언정 다이어트는 포기 안 해.

3. 고생할지언정 낙하산은 안 해.

4. 퇴직할지언정 아부는 안 해.

5. 솔로일지언정 너랑은 안 사귀어.

참고 단어

后悔 hòuhuǐ 후회하다

偷 tōu 훔치다

吃苦 chī kǔ 고생하다

走后门 zǒu hòumén
뒷거래를 하다

辞职 cí zhí 사직하다

拍马屁 pāi mǎpì 아첨하다

单身 dānshēn 솔로

在一起 zài yìqǐ 사귀다

정답을 맞혀보면서 5번 입으로 읽어보세요 1 2 3 4 5

1	배고파 죽을지언정 다른 사람 것은 안 훔쳐.	宁可饿死，也不偷人家的。 Nìngkě èsǐ, yě bù tōu rénjia de.
2	배고파 죽을지언정 다이어트는 포기 안 해.	宁可饿死，也不放弃减肥。 Nìngkě èsǐ, yě bú fàngqì jiǎn féi.
3	고생할지언정 낙하산은 안 해.	宁可吃苦，也不走后门。 Nìngkě chī kǔ, yě bù zǒu hòumén.
4	퇴직할지언정 아부는 안 해.	宁可辞职，也不拍马屁。 Nìngkě cí zhí, yě bù pāi mǎpì.
5	솔로일지언정 너랑은 안 사귀어.	宁可单身，也不跟你在一起。 Nìngkě dānshēn, yě bù gēn nǐ zài yìqǐ.

말중작 업그레이드   宁可 활용하기

	응용 표현	뜻
1	宁可 A，也不愿意 B Nìngkě A, yě bú yuànyì B	A 할지언정 B 안 하고 싶어.
2	宁可 A，也不要 B = 宁可 A，也别 B Nìngkě A, yě búyào B = Nìngkě A, yě bié B	A 할지언정 B 하지 마.

말중작 해보기(2)

1. 실패할지언정 이번 기회를 놓치고 싶지 않아.

2. 실패할지언정 이번 기회를 놓치지 마.

3. 외로울지언정 나쁜 친구는 안 사귀고 싶어.

4. 외로울지언정 나쁜 친구는 사귀지 마.

5. 자신만만할지언정 맹목적으로 비관하지 마.

참고 단어

错过 cuòguò
(시기, 대상) 놓치다

机会 jīhuì 기회

孤独 gūdú 외롭다

交 jiāo 사귀다

自信 zìxìn 자신만만하다

盲目 mángmù 맹목적인

悲观 bēiguān 비관적이다

말중작 정답(2)

정답을 맞혀보면서 5번 입으로 읽어보세요   1   2   3   4   5

1 실패할지언정 이번 기회를 놓치고 싶지 않아.	宁可失败，也不愿意错过这次机会。 Nìngkě shībài, yě bú yuànyì cuòguò zhè cì jīhuì.
2 실패할지언정 이번 기회를 놓치지 마.	宁可失败，也不要错过这次机会。 Nìngkě shībài, yě búyào cuòguò zhè cì jīhuì.
3 외로울지언정 나쁜 친구는 안 사귀고 싶어.	宁可孤独，也不愿意交坏朋友。 Nìngkě gūdú, yě bú yuànyì jiāo huài péngyou.
4 외로울지언정 나쁜 친구는 사귀지 마.	宁可孤独，也不要交坏朋友。 Nìngkě gūdú, yě búyào jiāo huài péngyou.
5 자신만만할지언정 맹목적으로 비관하지 마.	宁可自信，也不要盲目悲观。 Nìngkě zìxìn, yě búyào mángmù bēiguān.

답정너로 상황 연습

상황1	A: 너도 솔로고 나도 솔로잖아. 우리 둘이 사귀자. B: 뭔 소리 하는 거야 너! 그 입방정 좀 닫아. 솔로일지언정 너랑은 안 사귀어. A: 농담한 것뿐이야.
상황2	A: 나 일 관두고 싶어. B: 너 가까스로 취업했잖아. 어떻게 된 일이야? A: 사장님이 아부하는 사람을 좋아해. 관둘지언정 아부는 하기 싫어.
상황3	A: 너 东东이 알아? B: 왜 그래? 직장동료야. 그렇게 친하지는 않아. A: 내가 알려주고 싶은데 걔 사장님 아들이야. B: 진짜야? 그런데 나는 고생할지언정 낙하산은 싫어.

참고 단어

交往 jiāowǎng 교제(하다) | 开玩笑 kāi wánxiào 농담을 하다 | 认识 rènshi 알다

상황1	A: 你也单身，我也单身，咱们交往吧。 Nǐ yě dānshēn, wǒ yě dānshēn, zánmen jiāowǎng ba. B: 说什么呢你! 闭上你的乌鸦嘴。宁可单身，也不跟你在一起。 Shuō shénme ne nǐ! Bìshàng nǐ de wūyāzuǐ. Nìngkě dānshēn, yě bù gēn nǐ zài yìqǐ. A: 开玩笑而已。 Kāi wánxiào éryǐ.
상황2	A: 我想辞职。 Wǒ xiǎng cí zhí. B: 你好不容易找到工作了。怎么回事啊？ Nǐ hǎo bu róngyì zhǎodào gōngzuò le. Zěnme huí shì a? A: 老板喜欢拍马屁的人。宁可辞职，也不愿意拍马屁。 Lǎobǎn xǐhuan pāi mǎpì de rén. Nìngkě cí zhí, yě bú yuànyì pāi mǎpì.
상황3	A: 你认识东东吗？ Nǐ rènshi Dōngdōng ma? B: 怎么了？他是我同事，不太认识。 Zěnme le? Tā shì wǒ tóngshì, bútài rènshi. A: 我想提醒你他是老板的儿子。 Wǒ xiǎng tíxǐng nǐ tā shì lǎobǎn de érzi. B: 真的吗？不过我宁可吃苦，也不愿意走后门。 Zhēnde ma? Búguò wǒ nìngkě chī kǔ, yě bú yuànyì zǒu hòumén.

중국인들 활용법

将就 jiāngjiu
불만족스러우나 그대로 하다

装 zhuāng ...인 체하다

穷 qióng 가난하다

炫耀 xuànyào 자랑하다

财富 cáifù 부, 재산

女人宁可孤单，也不要将就。
Nǚrén nìngkě gūdān, yě búyào jiāngjiu.
여성분들, 외로울지언정 대충 아무나 만나지 마세요.

宁可装穷，也别炫耀财富。
Nìngkě zhuāng qióng, yě bié xuànyào cáifù.
가난한 척할지언정, 재산을 자랑하지 마세요.

드라마 속에서 쓰인 오늘의 패턴

A: 我会用业绩让他们闭嘴。
Wǒ huì yòng yèjì ràng tāmen bì zuǐ.
저는 업무성과로 사람들이 끽소리 못하게 만들 거예요.

B: 宁可不要业绩，也不想有一个在私生活不检点的儿子。
Nìngkě bú yào yèjì, yě bù xiǎng yǒu yí ge zài sīshēnghuó bù jiǎndiǎn de érzi.
업무성과를 포기할지언정, 너 같은 사생활 더러운 아들이 있는 건 원하지 않는다.

业绩 yèjì 업적 ⏐ 闭嘴 bì zuǐ 입을 다물다 ⏐ 私生活 sīshēnghuó 사생활 ⏐ 检点 jiǎndiǎn (언행, 행위) 단속하다

25

툭하면 화내, (친하게) 지내기 힘들어.

오늘의 표현

툭하면(걸핏하면) ~해.
动不动就~ dòng bu dòng jiù...

주어	기타등등	동사	목적어
	툭하면	화를 내다	
	动不动就 Dòng bu dòng jiù	**生气** shēng qì	

말중작 해보기

1. 툭하면 욕해.

2. 툭하면 울어.

3. 툭하면 물건을 잃어버려.

4. 툭하면 성깔 부려.

5. 툭하면 와서 돈 빌려.

참고 단어

骂人 mà rén 남을 욕하다

哭 kū 울다

丢 diū 잃어버리다

发脾气 fà píqi 성질부리다

借 jiè 빌리다

钱 qián 돈

정답을 맞혀보면서 5번 입으로 읽어보세요 1   2   3   4   5

1 툭하면 욕해.	动不动就骂人。 Dòng bu dòng jiù mà rén.
2 툭하면 울어.	动不动就哭。 Dòng bu dòng jiù kū.
3 툭하면 물건을 잃어버려.	动不动就丢东西。 Dòng bu dòng jiù diū dōngxi.
4 툭하면 성깔 부려.	动不动就发脾气。 Dòng bu dòng jiù fā píqi.
5 툭하면 와서 돈 빌려.	动不动就来借钱。 Dòng bu dòng jiù lái jiè qián.

말중작 업그레이드 툭하면 화내, (친하게) 지내기 힘들어.
很难~ hěn nán…

주어	기타등등	동사	목적어
	매우+ 어렵다	친하게 지내다	
	很难 Hěn nán	相处 xiāngchǔ	

★리얼tip★
'难'이라는 형용사를 서술어가 아닌 부사어 자리에 활용하는 형태에요. 익숙해지도록 다양한 단어를 교체해 연습해보세요.

말중작 해보기(2)

1. 툭하면 화내, 대화(소통)하기 힘들어.

2. 툭하면 울어, 거절하기 힘들어.

3. 툭하면 성깔 부려, 협력하기 힘들어.

4. 툭하면 욕해, 그녀의 성격은 고치기 힘들어.

5. 툭하면 와서 돈 빌려, 그녀의 습관은 고치기 힘들어.

참고 단어

沟通 gōutōng 소통하다

拒绝 jùjué 거절하다

合作 hézuò 협력(하다)

改变 gǎibiàn 바꾸다

性格 xìnggé 성격

习惯 xíguàn 습관

정답을 맞혀보면서 5번 입으로 읽어보세요　1　2　3　4　5

1	툭하면 화내, 대화(소통)하기 힘들어.	动不动就生气，很难沟通。 Dòng bu dòng jiù shēng qì, hěn nán gōutōng.
2	툭하면 울어, 거절하기 어려워.	动不动就哭，很难拒绝。 Dòng bu dòng jiù kū, hěn nán jùjué.
3	툭하면 성깔 부려, 협력하기 어려워.	动不动就发脾气，很难合作。 Dòng bu dòng jiù fā píqi, hěn nán hézuò.
4	툭하면 욕해, 그녀의 성격은 고치기 힘들어.	动不动就骂人，她的性格很难改变。 Dòng bu dòng jiù mà rén, tā de xìnggé hěn nán gǎibiàn.
5	툭하면 와서 돈 빌려, 그녀의 습관은 고치기 힘들어.	动不动就来借钱，她的习惯很难改变。 Dòng bu dòng jiù lái jiè qián, tā de xíguàn hěn nán gǎibiàn.

답정너로 상황 연습

상황1	A: 너희 둘 왜 그래? 어째서 태도를 바꾼 거야? B: 걔 툭하면 성질부려, 친하게 지내기 너무 어려워. 나 진짜 못 참겠어. 외로울지언정 그런 애랑 교제하기 싫어.
상황2	A: 왜 걸핏하면 쥐가 나는 거지? B: 네가 평소에 운동을 안 하잖아, 쥐 안 나는 게 이상하지. A: 운동 싫어. 밥을 안 먹을지언정, 운동하기는 싫어.
상황3	A: 여보세요, 관리사무소인가요? 저는 1307호 东东인데요. 저 엘리베이터 안에 갇혔어요!! B: 긴장하지 말아요, 제가 곧장 건너갈게요. A: 엘리베이터 툭하면 고장인데, 미리 경고하자면 우리가 공짜로 여기 사는 게 아니에요.

참고 단어

俩 liǎ 둘 | 翻脸 fān liǎn 사이가 틀어지다 | 受不了 shòu bu liǎo 참을 수 없다 | 孤独 gūdú 고독하다 | 来往 láiwǎng 교제(하다) | 抽筋 chōu jīn 쥐가 나다 | 平时 píngshí 평소 | 物业 wùyè (아파트) 관리사무소 | 困 kùn 가두어 놓다 | 紧张 jǐnzhāng 긴장해 있다 | 马上 mǎshang 곧 | 出故障 chū gùzhàng 고장나다 | 免费 miǎn fèi 무료로 하다

상황1	A: 你们俩怎么了? 怎么翻脸了? Nǐmen liǎ zěnme le? Zěnme fān liǎn le? B: 她动不动就发脾气，很难相处。我真的受不了了。 Tā dòng bu dòng jiù fā píqi, hěn nán xiāngchǔ. Wǒ zhēnde shòu bu liǎo le. 宁可孤独，也不愿意跟那种人来往。 Nìngkě gūdú, yě bú yuànyì gēn nà zhǒng rén láiwǎng.
상황2	A: 我为什么动不动就抽筋? Wǒ wèishénme dòng bu dòng jiù chōu jīn? B: 你平时不运动，不抽筋才怪呢。 Nǐ píngshí bú yùndòng, bù chōu jīn cái guài ne. A: 我不喜欢运动。宁可不吃饭，也不愿意运动。 Wǒ bù xǐhuan yùndòng. Nìngkě bù chī fàn, yě bú yuànyì yùndòng.
상황3	A: 喂，您好。是物业吗? 我是幺三零七号的东东。 Wéi, nín hǎo. Shì wùyè ma? Wǒ shì yāo sān líng qī hào de Dōngdōng. 我被困在电梯里了。 Wǒ bèi kùnzài diàntī lǐ le. B: 别紧张，我马上过去。 Bié jǐnzhāng, wǒ mǎshang guòqù. A: 电梯动不动就出故障。我想提醒您我们不是免费住这儿的。 Diàntī dòng bu dòng jiù chū gùzhàng. Wǒ xiǎng tíxǐng nín wǒmen bú shì miǎn fèi zhù zhèr de.

중국인들 활용법

别动不动就打针。
Bié dòng bu dòng jiù dǎ zhēn.
(아프다고) 걸핏하면 주사 맞지 마세요.

城市房价很难下降。
Chéngshì fángjià hěn nán xiàjiàng.
도시의 집값은 내려가기 어려워요.

打针 dǎ zhēn 주사를 놓다

城市 chéngshì 도시

房价 fángjià 집값

下降 xiàjiàng 낮아지다

드라마 속에서 쓰인 오늘의 패턴　　5번 입으로 읽어보세요　1　2　3　4　5

A: 我告诉你，我是为你好啊。你说，他动不动就不让你拍吻戏，
Wǒ gàosu nǐ, wǒ shì wèi nǐ hǎo a. Nǐ shuō, tā dòng bu dòng jiù bú ràng nǐ pāi wěn xì,
내가 말해두는데, 나는 너를 위해서 하는 말이야. 네가 생각해봐, 걔가 툭하면 키스신 못 찍게 하지,

动不动。。。动不动就不让你拍下水的戏。这以后的戏还接不接了?
dòng bu dòng... dòng bu dòng jiù bú ràng nǐ pāi xià shuǐ de xì. Zhè yǐhòu de xì hái jiē bu jiē le?
툭하면... 툭하면 물에 들어가는 장면 찍지 말라 그러지. 나중에 드라마 (들어오면) 받을 수 있겠니?

拍 pāi 촬영하다 l 吻戏 wěn xì 키스신 l 下水 xià shuǐ 물에 들어가다 l 戏 xì 극, 연극 l 接 jiē 받다

26 아무것도 하고 싶지 않아, 심지어는 화장실 가기도 귀찮아.

▶ _____

_____

▶ _____

_____

오늘의 표현	~하기 귀찮아. 懒得~ lǎn de...

주어	기타등등	동사	목적어
		귀찮아하다	화장실 가다
		懒得 Lǎn de	上厕所 shàng cèsuǒ

말중작 해보기

1. 해명하기 귀찮아.

2. 책상 치우기 귀찮아.

3. 우산 챙기기 귀찮아.

4. 너 상대하기 귀찮아.

5. 가서 너를 욕하기 귀찮아.

참고 단어

解释 jiěshì 해명하다

收拾 shōushi 정리하다

带 dài 휴대하다

雨伞 yǔsǎn 우산

理 lǐ 상대하다

骂 mà 욕하다

정답을 맞혀보면서 5번 입으로 읽어보세요 1 2 3 4 5

1 해명하기 귀찮아.	懒得解释。 Lǎn de jiěshì.
2 책상 치우기 귀찮아.	懒得收拾桌子。 Lǎn de shōushi zhuōzi.
3 우산 챙기기 귀찮아.	懒得带雨伞。 Lǎn de dài yǔsǎn.
4 너 상대하기 귀찮아.	懒得理你。 Lǎn de lǐ nǐ.
5 가서 너를 욕하기 귀찮아.	懒得去骂你。 Lǎn de qù mà nǐ.

말중작 업그레이드

아무것도 하고 싶지 않아, 심지어는 화장실(변소) 가기 귀찮아.

주어	기타등등	동사	목적어
무엇	도+안+~하고 싶다	하다	
什么 Shénme	都不想 dōu bù xiǎng	做 zuò	

★리얼tip★
의문사를 활용해 '아무것도', '아무도', '어디도' 같은 표현을 할 수가 있어요. '아무것도'가 **什么都** 라면 '아무도'는 **谁都**, '어디도'는 **哪儿都**가 되겠죠?

말중작 해보기(2)

甚至 shènzhì
'심지어'라는 단어를 붙여서 두 문장을 연결해봅시다.

1. 아무것도 하고 싶지 않아, 심지어는 화장실(변소) 가기도 귀찮아.

2. 아무것도 하고 싶지 않아, 심지어는 책상 치우기도 귀찮아.

3. 아무것도 하고 싶지 않아, 심지어는 우산 챙기기도 귀찮아.

4. 아무것도 하고 싶지 않아, 심지어는 너 상대하기도 귀찮아.

5. 아무것도 하고 싶지 않아, 심지어는 가서 너를 욕하기도 귀찮아.

말중작 정답(2)

정답을 맞혀보면서 5번 입으로 읽어보세요   1   2   3   4   5

1	아무것도 하고 싶지 않아, 심지어는 화장실(변소) 가기 귀찮아.	什么都不想做，甚至懒得上厕所。 Shénme dōu bù xiǎng zuò, shènzhì lǎn de shàng cèsuǒ.
2	아무것도 하고 싶지 않아, 심지어는 책상 치우기 귀찮아.	什么都不想做，甚至懒得收拾桌子。 Shénme dōu bù xiǎng zuò, shènzhì lǎn de shōushi zhuōzi.
3	아무것도 하고 싶지 않아, 심지어는 우산 챙기기 귀찮아.	什么都不想做，甚至懒得带雨伞。 Shénme dōu bù xiǎng zuò, shènzhì lǎn de dài yǔsǎn.
4	아무것도 하고 싶지 않아, 심지어는 너 상대하기 귀찮아.	什么都不想做，甚至懒得理你。 Shénme dōu bù xiǎng zuò, shènzhì lǎn de lǐ nǐ.
5	아무것도 하고 싶지 않아, 심지어는 가서 너를 욕하기 귀찮아.	什么都不想做，甚至懒得去骂你。 Shénme dōu bù xiǎng zuò, shènzhì lǎn de qù mà nǐ.

답정너로 상황 연습

상황1	A: 무슨 일이야? 걱정거리 있는 거 아니지?
	B: 나 겨우 그 사람을 포기하기로 마음먹었어. 가서 사랑하기도, 사랑받기도 귀찮아.
상황2	A: 너 걔 좋아하지?
	B: 뭔 소리 하는 거야, 우리는 고작 친구일 뿐이야. 싱글일지라도 걔랑은 안 사귈 거야.
	A: 왜? 걔 잘생기고, 똑똑하잖아.
	B: 듣자 하니까 입학시험에서 1등을 차지했다더라. 그런데 툭하면 욕해, (잘) 지내기 어려워. 게다가 나 연애하기 귀찮아, 아무것도 하고 싶지 않아.
상황3	A: 우리 배드민턴 경기 보러 가는 거 어때?
	B: 우리 다음에 가자. 아무것도 하고 싶지 않아, 심지어는 화장실도 가기 귀찮아.
	A: 너는 걸핏하면 거절하더라.

참고 단어

心事 xīnshì 걱정거리 | 好不容易 hǎo bu róngyì 겨우 | 放弃 fàngqì 포기하다 | 宁可 nìngkě 차라리
入学考试 rùxué kǎoshì 입학 시험 | 获得 huòdé 획득하다 | 第一名 dì yī míng 일등 | 谈恋爱 tán liàn'ài 연애하다
羽毛球 yǔmáoqiú 배드민턴 | 拒绝 jùjué 거절하다

상황1	A: 怎么了？ 是不是有心事？ Zěnme le? Shì bu shì yǒu xīnshì? B: 我好不容易打算放弃他。我懒得去爱，也懒得被爱。 Wǒ hǎo bu róngyì dǎsuan fàngqì tā. Wǒ lǎnde qù ài, yě lǎnde bèi ài.
상황2	A: 你喜欢他吧？ Nǐ xǐhuan tā ba? B: 你说什么呢？ 我们只是朋友而已。宁可单身，也不跟他在一起。 Nǐ shuō shénme ne? Wǒmen zhǐ shì péngyou éryǐ. Nìngkě dānshēn, yě bù gēn tā zài yìqǐ. A: 为什么？ 他又帅又聪明。 Wèishénme? Tā yòu shuài yòu cōngmíng. B: 听说他在入学考试获得了第一名。不过他动不动就骂人， Tīngshuō tā zài rùxué kǎoshì huòdéle dì yī míng. Búguò tā dòng bu dòng jiù mà rén, 很难相处。而且我懒得谈恋爱，什么都不想做。 hěn nán xiāngchù. érqiě wǒ lǎnde tán liàn'ài, shénme dōu bù xiǎng zuò.
상황3	A: 咱们去看羽毛球比赛，怎么样？ Zánmen qù kàn yǔmáoqiú bǐsài, zěnmeyàng? B: 咱们下次去吧。什么都不想做，甚至懒得上厕所。 Zánmen xià cì qù ba. Shénme dōu bù xiǎng zuò, shènzhì lǎn de shàng cèsuǒ. A: 你动不动就拒绝。 Nǐ dòng bu dòng jiù jùjué.

중국인들 활용법

涂 tú 바르다	
防晒霜 fángshàishuāng 선크림	
躺 tǎng 눕다	
浪费 làngfèi 낭비하다	
生命 shēngmìng 생명	

夏天出门懒得涂防晒霜。
Xiàtiān chū mén lǎnde
tú fángshàishuāng.
여름에 외출할 때 선크림 바르기 귀찮아요.

我什么都不想做，只想这样躺着浪费生命。
Wǒ shénme dōu bù xiǎng zuò,
zhǐ xiǎng zhèyàng tǎngzhe làngfèi shēngmìng.
아무것도 하기 싫어요, 그냥 이렇게 누워서 허비하고 싶어요.

드라마 속에서 쓰인 오늘의 패턴   5번 입으로 읽어보세요 1 2 3 4 5

A: 高雯前脚刚走，你后脚就跟别人在这儿暧昧着。你觉得着耻吧你！
Gāowén qiánjiǎo gāng zǒu, nǐ hòujiǎo jiù gēn biérén zài zhèr àimèizhe. Nǐ juéde xiūchǐ ba nǐ!
까오원이 방금 막 갔는데 (헤어진 지 얼마 안 돼서), 바로 다른 애랑 여기서 썸을 타고 있어? 너 수치스럽지도 않아?

B: 我懒得跟你解释。
Wǒ lǎnde gēn nǐ jièshì.
너한테 해명하기도 귀찮아.

前脚 qiánjiǎo 먼저 ㅣ 后脚 hòujiǎo 직후 ㅣ 刚 gāng 막 ㅣ 暧昧 àimèi 썸 타다 ㅣ 着耻 xiūchǐ 수치스럽다
解释 jiěshì 해명하다

115

27 안타깝게도 그는 대학에 합격 못 했어.

▶ _____

▶ _____

_____

오늘의 표현 안타깝게도
可惜 kěxī

	주어	기타등등	동사	목적어
안타까워	그가	못	합격했다	대학에
可惜 Kěxī	**他** tā	**没** méi	**考上** kǎoshàng	**大学** dàxué

말중작 해보기

1. 안타깝게도 나는 보지 못했어.

2. 안타깝게도 나 요즘 형편이 빠듯해.

3. 안타깝게도 행복한 시절은 너무 짧아.

4. 안타깝게도 '만약'은 없어.

5. 안타깝게도 아는 사람이 너무 적어.

참고 단어

看见 kànjiàn 보다

手头 shǒutóu 주머니 사정

紧 jǐn 빠듯하다

幸福 xìngfú 행복하다

时光 shíguāng 세월

短暂 duǎnzàn (시간) 짧다

如果 rúguǒ 만약

정답을 맞혀보면서 5번 입으로 읽어보세요   1   2   3   4   5

1 안타깝게도 나는 보지 못했어.	可惜我没看见。 Kěxī wǒ méi kànjiàn.
2 안타깝게도 나 요즘 형편이 빠듯해.	可惜我最近手头很紧。 Kěxī wǒ zuìjìn shǒutóu hěn jǐn.
3 안타깝게도 행복한 시절은 너무 짧아.	可惜幸福的时光太短暂了。 Kěxī xìngfú de shíguāng tài duǎnzàn le.
4 안타깝게도 '만약'은 없어.	可惜没有如果。 Kěxī méiyǒu rúguǒ.
5 안타깝게도 아는 사람이 너무 적어.	可惜知道的人太少了。 Kěxī zhīdào de rén tài shǎo le.

말중작 업그레이드   可惜 활용하기: 이 영화를 놓치는 건 정말 아쉬워.

주어	기타등등	형용사
놓치다+ 이 영화	정말	안타까워
错过这部电影 Cuòguò zhè bù diànyǐng	真 zhēn	可惜 kěxī

말중작 해보기(2)

1. 이렇게 버려 버리기는 정말 아쉬워.

2. 우승을 쟁취하지 못해 정말 아쉬워.

3. 중도에 포기하기는 정말 아쉬워.

4. 3대 4는 정말 아쉬워.

5. 이번 기회를 놓치는 건 정말 아쉬워.

참고 단어

这样 zhèyàng 이러한 방식으로

扔掉 rēngdiào 버려 버리다

夺冠 duó guàn 우승을 쟁취하다

放弃 fàngqì 포기하다

中途 zhōngtú 중도

错过 cuòguò (시기,대상) 놓치다

机会 jīhuì 기회

말중작 정답(2)

정답을 맞혀보면서 5번 입으로 읽어보세요   1   2   3   4   5

1 이렇게 버려 버리기는 정말 아쉬워.	这样扔掉真可惜。 Zhèyàng rēngdiào zhēn kěxī.
2 우승을 쟁취하지 못해 정말 아쉬워.	没夺冠真可惜。 Méi duó guàn zhēn kěxī.
3 중도에 포기하기는 정말 아쉬워.	中途放弃真可惜。 Zhōngtú fàngqì zhēn kěxī.
4 3대4는 정말 아쉬워.	3比4真可惜。 Sān bǐ sì zhēn kěxī.
5 이번 기회를 놓치는 건 정말 아쉬워.	错过这次机会真可惜。 Cuòguò zhè cì jīhuì zhēn kěxī.

답정너로 상황 연습

상황1	A: 이 교수님, 저를 찾으셨는데 무슨 일 있나요? B: 앉아요. 이번에 유학 기회가 있어. 나는 자네를 추천하고 싶은데 관심 있니 없니? A: 저도 이런 기회가 겨우 있다는 걸 아는데, 아마 이번 기회는 잡지 못할 것 같아요. B: 이 기회를 놓치는 건 정말 아쉽구나.
상황2	A: 东东 어제 야구 경기 봤어? B: 3 대 4... 졌어. 정말 아쉬워.
상황3	A: 왜 그래? 뭐 하는 거야? 이렇게 버리는 건 너무 아쉬워. B: 나 치우기 귀찮아. 다 버려 버릴지언정, 치우고 싶지 않아. A: 너는 돈 쓰는 것이 너무 헤퍼. 내가 미리 경고하는데, 부모님에게 의지하는 행복한 시절은 짧아.

참고 단어

教授 jiàoshòu 교수 | 推荐 tuījiàn 추천하다 | 兴趣 xìngqù 흥미 | 恐怕 kǒngpà 아마…일 것이다
抓不住 zhuā bu zhù 잡을 수 없다 | 棒球 bàngqiú 야구 | 比 bǐ 대 | 输 shū 지다 | 收拾 shōushi 치우다
大手大脚 dàshǒudàjiǎo 돈을 물 쓰듯 쓰다 | 靠 kào 의지하다

상황1	A: 李教授，您找我有什么事吗？ Lǐ jiàoshòu, nín zhǎo wǒ yǒu shénme shì ma?
	B: 请坐。这次有机会出国留学。我想推荐你，你有没有兴趣？ Qǐng zuò. Zhè cì yǒu jīhuì chū guó liú xué. Wǒ xiǎng tuījiàn nǐ, nǐ yǒu méiyǒu xìngqù?
	A: 我知道好不容易有这样的机会，不过恐怕抓不住这次机会了。 Wǒ zhīdào hǎo bu róngyì yǒu zhèyàng de jīhuì, búguò kǒngpà zhuā bu zhù zhè cì jīhuì le.
	B: 错过这次机会真可惜。 Cuòguò zhè cì jīhuì zhēn kěxī.
상황2	A: 东东，昨天的棒球比赛你看了吗？ Dōngdōng, zuótiān de bàngqiú bǐsài nǐ kàn le ma?
	B: 三比四。。。输了，真可惜啊。 Sān bǐ sì... shū le, zhēn kěxī a.
상황3	A: 怎么了？你干什么呢？这样扔掉真可惜。 Zěnme le? Nǐ gàn shénme ne? Zhèyàng rēngdiào zhēn kěxī.
	B: 我懒得收拾，宁可都扔掉，也不愿意收拾。 Wǒ lǎn de shōushi, nìngkě dōu rēngdiào, yě bú yuànyì shōushi.
	A: 你花钱太大手大脚了。我提醒你靠父母的幸福时光很短暂。 Nǐ huā qián tài dàshǒudàjiǎo le. Wǒ tíxǐng nǐ kào fùmǔ de xìngfú shíguāng hěn duǎnzàn.

중국인들 활용법

收藏 shōucáng 수집하다

不收藏可惜了!
Bù shōucáng kěxī le!
수집을 안 하면 아쉽죠.

真可惜, 明天还要再上一天班。
Zhēn kěxī, míngtiān hái yào zài shàng yì tiān bān.
정말 아쉽게도 내일 하루 더 출근해야 해요.

드라마 속에서 쓰인 오늘의 패턴

5번 입으로 읽어보세요 1 2 3 4 5

A: 可惜, 那时候我不认识你。
Kěxī, nà shíhòu wǒ bú rènshi nǐ.
아쉽게도 그때 나는 당신을 몰랐네.

B: 你看你多帅呀！这也就二十多岁吧？
Nǐ kàn nǐ duō shuài ya! Zhè yě jiù èrshí duō suì ba?
당신 봐봐, 당신 얼마나 멋졌어! 이건 20세쯤인 거지?

B: 真够帅的。可惜当时不属于我。
Zhēn gòu shuài de. Kěxī dāngshí bù shǔyú wǒ.
정말 멋지다. 아쉽게도 그 당시에는 내 남자가 아니었지.

B: 德行。
Déxíng.
아우~ 정말 꼴불견이야~

A: 二十四岁。
èrshí sì suì.
24세.

> **多 : 어림수 표현**
> 숫자와 쓰여 어림수를 표현할 수 있어요. 이때 **숫자가 0으로 끝나면 '숫자+多+양사'**, 숫자가 1~9로 끝나면 '숫자+양사+多'의 순서인 점을 기억하세요.

认识 rènshi 알다 ┃ 德行 déxíng 꼴불견이다 ┃ 够...的 gòu...de 매우~ 하다 ┃ 当时 dāngshí 그때
属于 shǔyú …에 속하다

28 월급까지 보름이나 남았어.

▶ _____

▶ _____

_____

| 오늘의 표현 | A까지 B 남았어.
离 A 有 B lí A yǒu B |

주어	기타등등	동사	목적어
	월급 받기까지	있다	보름
	离发工资 Lí fā gōngzī	**有** yǒu	**十五天=半个月** shíwǔ tiān= bàn ge yuè

★리얼tip★

뉘앙스에 따라서 동사 앞에 还 hái (...이나 남다) , 只 zhǐ (...밖에 안 남다)를 붙일 수 있어요.

말중작 해보기

1. 내 생일까지 반년 이상이나 남았어.

2. 올림픽 개막까지 3개월이나 남았어.

3. (중국) 수능까지 10일 넘게 남았어.

4. 정식 출시까지 십 며칠이나 남았어.

5. 동이 트기까지 두 시간이나 남았어.

참고 단어

大半年 dà bàn nián 반년 이상

奥运会 àoyùnhuì 올림픽

开幕 kāi mù 개막하다

高考 gāokǎo 중국 대학 입학시험

正式 zhèngshì 정식의

上市 shàng shì 출시되다

天亮 tiān liàng 동이 트다

정답을 맞혀보면서 5번 입으로 읽어보세요   1   2   3   4   5

1 내 생일까지 반년 이상이나 남았어.	离我生日还有大半年。 Lí wǒ shēngrì hái yǒu dà bàn nián.
2 올림픽 개막까지 3개월이나 남았어.	离奥运会开幕还有3个月。 Lí àoyùnhuì kāi mù hái yǒu sān ge yuè.
3 (중국) 수능까지 10일 넘게 남았어.	离高考还有10多天。 Lí gāokǎo hái yǒu shí duō tiān.
4 정식 출시까지 십 며칠이나 남았어.	离正式上市还有十几天。 Lí zhèngshì shàng shì hái yǒu shí jǐ tiān.
5 동이 트기까지 두 시간이나 남았어.	离天亮还有两个小时。 Lí tiān liàng hái yǒu liǎng ge xiǎoshí.

말중작 업그레이드   뉘앙스 바꿔 보기: 성탄절까지 두 달 밖에 안 남았어요.

주어	기타등등	동사	목적어
	성탄절까지+오직	남았어요	두 달
	离圣诞节只 Lí shèngdànjié zhǐ	**剩** shèng	**两个月** liǎng ge yuè

★리얼tip★

有 대신에 '남다'라는 뜻을 가진 '**剩** shèng'을 넣어서 표현할 수도 있어요.
이번에는 剩을 넣어 활용해 봅시다.

말중작 해보기(2)

1. 설날까지 한 달밖에 안 남았어.

2. 개봉까지 2주가 채 안 되게 남았어.

3. 퇴근까지 1시간밖에 안 남았어.

4. 목적지까지 30분밖에 안 남았어.

5. 이륙 시간까지 10분밖에 안 남았어.

참고 단어

春节 Chūnjié 설

上映 shàngyìng 상영하다

目的地 mùdìdì 목적지

起飞 qǐfēi 이륙하다

말중작 정답(2)

정답을 맞혀보면서 5번 입으로 읽어보세요   1   2   3   4   5

1	설날까지 한 달밖에 안 남았어.	离春节只剩一个月。 Lí Chūnjié zhǐ shèng yí ge yuè.
2	개봉까지 2주가 채 안 되게 남았어.	离上映只剩**不到**两个星期。 Lí shàngyìng zhǐ shèng bú dào liǎng ge xīngqī.
3	퇴근까지 1시간밖에 안 남았어.	离下班只剩一个小时。 Lí xià bān zhǐ shèng yí ge xiǎoshí.
4	목적지까지 30분밖에 안 남았어.	离目的地只剩30分钟。(=半个小时) Lí mùdìdì zhǐ shèng sānshí fēnzhōng. (= bàn ge xiǎoshí)
5	이륙 시간까지 10분밖에 안 남았어.	离起飞时间只剩10分钟。 Lí qǐfēi shíjiān zhǐ shèng shí fēnzhōng.

★리얼tip★

'이상'은 以上 , '이하'는 以下, '미만'은 不到라는 표현을 써요. 구분해 활용해 보세요.

답정너로 상황 연습

상황1	A: 너 왜 그래? 어째서 툭하면 성질을 부려? B: 미안해. 수능까지 10일 좀 넘게 밖에 안 남아서 조금 예민해. 내가 사과할게.
상황2	A: 날씨가 너무 더워. 우리 호텔 돌아가서 쉬자. B: 우리 겨우 북경에 한차례 왔어. 게다가 귀국까지 하루밖에 안 남았단 말이야. 이번 기회를 놓치는 건 너무 아쉬워. A: 네가 이런 사람일 줄 상상도 못 했어. 너 너무 이기적이야.
상황3	A: 나 방금 화장실 가기 귀찮았거든. 그런데 지금 정말 화장실 가고 싶어. B: 지금 1시 20분이야. 수업 끝날 때까지 10분 밖에 안 남았어. 10분만 참아봐.

참고 단어

发脾气 fā píqì 성질을 내다 ǀ 敏感 mǐngǎn 예민하다 ǀ 道歉 dào qiàn 사과하다 ǀ 酒店 jiǔdiàn 호텔 ǀ 趟 tàng (양) 번
错过 cuòguò (기회 등) 놓치다 ǀ 机会 jīhuì 기회 ǀ 自私 zìsī 이기적이다 ǀ 上厕所 shàng cèsuǒ 화장실 가다
憋 biē (숨·화·대소변 등) 참다

상황1	A: 你怎么了？怎么动不动就发脾气？ Nǐ zěnme le? Zěnme dòng bu dòng jiù fā píqi? B: 对不起。因为离高考只有10多天，所以我有点儿敏感。我道歉。 Duìbuqǐ. Yīnwèi lí gāokǎo zhǐ yǒu shí duō tiān,suǒyǐ wǒ yǒudiǎnr mǐngǎn. Wǒ dào qiàn.
상황2	A: 天气太热了。我们回酒店休息吧。 Tiānqi tài rè le. Wǒmen huí jiǔdiàn xiūxi ba. B: 我们好不容易来一趟北京了。而且离回国只有一天。 Wǒmen hǎo bu róngyì lái yí tàng Běijīng le. érqiě lí huí guó zhǐ yǒu yì tiān. 错过这次机会真可惜。 Cuòguò zhè cì jīhuì zhēn kěxī. A: 我真没想到你会是这种人。你太自私了。 Wǒ zhēn méi xiǎngdào nǐ huì shì zhè zhǒng rén. Nǐ tài zìsī le.
상황3	A: 我刚才懒得上厕所，不过现在很想上厕所呢。 Wǒ gāngcái lǎnde shàng cèsuǒ, búguò xiànzài hěn xiǎng shàng cèsuǒ ne. B: 现在一点二十，离下课只有10分钟。你憋10分钟吧。 Xiànzài yì diǎn èrshí, lí xià kè zhǐ yǒu shí fēnzhōng. Nǐ biē shí fēnzhōng ba.

중국인들 활용법

离2002年还有一个月。
Lí èr líng líng èr nián hái yǒu yí ge yuè.
2002년까지 1달이나 남았어요.

离愿望成真只剩三天。
Lí yuànwàng chéng zhēn zhǐ shèng sān tiān.
꿈이 이루어지기까지 3일 밖에 안 남았어요.

无人驾驶离我们还有多远？
Wúrén jiàshǐ lí wǒmen hái yǒu duō yuǎn?
운전자 없이 운전하는 날까지 얼마나 남았을까요?

服务机器人离我们还有多远？
Fúwù jīqìrén lí wǒmen hái yǒu duō yuǎn?
서비스 로봇 (상용화까지) 얼마나 남았을까요?

愿望 yuànwàng 희망 | 成真 chéng zhēn 실제로 이루어지다 | 驾驶 jiàshǐ 운전하다 | 服务 fúwù 서비스

机器人 jīqìrén 로봇

123

29 다시는 연애 안 하고 싶어.

▶ _____

_____

▶ _____

_____

오늘의 표현

다시는 A 안 하고 싶어.
再也不想 A 了。 zài yě bù xiǎng...le.

주어	기타등등	동사	목적어	(문장 맨 뒤)
	다시+는+안+하고 싶다	(연애)하다	연애	
	再也不想 Zài yě bù xiǎng	**谈** tán	**恋爱** liàn'ài	**了** le

★리얼tip★

문장 맨 뒤에 붙인 **了**는 변화의 의미로 쓰였어요. 원래는 연애를 했지만, 다시는 안 하고 싶어'진' 거죠. **了**의 뉘앙스까지 함께 익혀봅시다.

말중작 해보기

1. 다시는 **너를 믿고** 싶지 않아.

2. 다시는 **너를 만나고** 싶지 않아.

3. 다시는 **너랑 연락하기** 싫어.

4. 다시는 **너를 떠나지** 않을 거야.

5. 다시는 **쇼핑** 안 하고 싶어.

참고 단어

见到 jiàndào 보(이)다

相信 xiāngxìn 믿다

联系 liánxì 연락하다

离开 lí kāi 떠나다

逛街 guàng jiē 쇼핑하다

124

정답을 맞혀보면서 5번 입으로 읽어보세요   1   2   3   4   5

1 다시는 너를 믿고 싶지 않아.	再也不想相信你了。 Zài yě bù xiǎng xiāngxìn nǐ le.
2 다시는 너를 만나고 싶지 않아.	再也不想见到你了。 Zài yě bù xiǎng jiàndào nǐ le.
3 다시는 너랑 연락하기 싫어.	再也不想联系你了。 = 再也不想跟你联系了。 Zài yě bù xiǎng liánxì nǐ le. Zài yě bù xiǎng gēn nǐ liánxì le.
4 다시는 너를 떠나지 않을 거야.	再也不想离开你了。 Zài yě bù xiǎng lí kāi nǐ le.
5 다시는 쇼핑 안 하고 싶어.	再也不想逛街了。 Zài yě bù xiǎng guàng jiē le.

말중작 업그레이드   전치사구 넣어 활용해보기: 다시는 여자친구랑 쇼핑 안 하고 싶어.

주어	기타등등	동사	목적어	(문장 맨 뒤)
	다시+는+안+하고 싶다 +여자친구랑	쇼핑하다		
	再也不想跟女朋友 zài yě bù xiǎng gēn nǚpéngyǒu	**逛街** guàng jiē		**了** le

★리얼tip★
기타등등(부사, 조동사, 전치사)에 여러 개가 올 경우 일반적으로 '부사+조동사+전치사'의 순서로 써요.
(다시는/안-부사, 하고 싶다-조동사, 여자친구랑-전치사)

말중작 해보기(2)

1. 다시는 **여자친구랑 쇼핑** 안 하고 싶어.

2. 다시는 **너랑 말**하고 싶지 않아.

참고 단어

向 xiàng …을 향하여

3. 다시는 **부모님에게 손 벌리고** 싶지 않아.

要钱 yào qián 돈을 요구하다

添麻烦 tiān máfan 폐를 끼치다

4. 다시는 **그들에게 폐를 끼치고** 싶지 않아.

保持 bǎochí 유지하다

关系 guānxì 관계

5. 다시는 **너랑 이런 (종류) 관계를 유지** 안 하고 싶어.

정답을 맞혀보면서 5번 입으로 읽어보세요   1   2   3   4   5

1	다시는 여자친구랑 쇼핑 안 하고 싶어.	再也不想跟女朋友逛街了。 Zài yě bù xiǎng gēn nǚpéngyǒu guàng jiē le.
2	다시는 너랑 말하고 싶지 않아.	再也不想跟你说话了。 Zài yě bù xiǎng gēn nǐ shuō huà le.
3	다시는 부모님에게 손 벌리고 싶지 않아.	再也不想向父母要钱了。 Zài yě bù xiǎng xiàng fùmǔ yào qián le.
4	다시는 그들에게 폐를 끼치고 싶지 않아.	再也不想给他们添麻烦了。 Zài yě bù xiǎng gěi tāmen tiān máfan le.
5	다시는 너랑 이런 관계를 유지 안 하고 싶어.	再也不想跟你保持这种关系了。 Zài yě bù xiǎng gēn nǐ bǎochí zhè zhǒng guānxì le.

답정너로 상황 연습

상황1	A: 너 어째서 또 거짓말을 했어? B: 내 설명 들어봐. 일부러 그런 게 아니야. A: 너 해명 듣는 것도 귀찮아. 다시는 너랑 말하고 싶지 않아. 우리 헤어지자.
상황2	A: 너 왜 그래? 얼굴색이 어쩌면 이렇게 안 좋아? B: 나 겨우 휴가를 얻었어. 그래서 어제 직장동료랑 쇼핑을 하러 갔는데, 다시는 쇼핑하기 싫어. 옷을 안 살지언정, 그녀랑 쇼핑하고 싶지 않아. 피곤해 죽겠어. A: 맙소사, 너 뭐 샀어? B: 요즘 형편이 빠듯해. 게다가 월급까지 보름이나 남았어. 그래서 뭐 안 샀어.
상황3	A: 이건 내가 손에서 놓지 못하는 아이크림이야. 이후에 다시는 바꾸고 싶지 않아. B: 그래? 그런데 지난번에 네가 추천한 BB 크림 그냥 그랬어.

참고 단어

撒谎 sā huǎng 거짓말 하다 | 解释 jiěshì 해명(하다) | 分手 fēn shǒu 헤어지다 | 脸色 liǎnsè 안색 | 得到 dédào 얻다
休假 xiū jià 휴가 | 同事 tóngshì 동료 | 宁可 nìngkě 차라리 | 手头 shǒutóu 주머니사정 | 紧 jǐn 빠듯하다
发工资 fā gōngzī 월급 받다 | 爱不释手 àibúshìshǒu 손을 떼지 못하다 | 眼霜 yǎnshuāng 아이크림
推荐 tuījiàn 추천하다 | BB霜 BB shuāng BB크림

상황1	A: 你怎么又撒谎了?
	Nǐ zěnme yòu sā huǎng le?
	B: 听我解释，不是故意的。
	Tīng wǒ jiěshì, bú shì gùyì de.
	A: 懒得听你解释。**再也不想**跟你说话**了**。咱们分手吧。
	Lǎnde tīng nǐ jiěshì. Zài yě bù xiǎng gēn nǐ shuō huà le. Zánmen fēn shǒu ba.
상황2	A: 你怎么了? 脸色怎么这么不好?
	Nǐ zěnme le? Liǎnsè zěnme zhème bù hǎo?
	B: 我好不容易得到休假了。所以昨天跟同事逛街了，
	Wǒ hǎo bu róngyì dédào xiū jià le. Suǒyǐ zuótiān gēn tóngshì guàng jiē le,
	再也不想逛街**了**。宁可不买衣服，也不愿意跟她逛街。累死了。
	zài yě bù xiǎng guàng jiē le. Nìngkě bù mǎi yīfu, yě bú yuànyì gēn tā guàng jiē. Lèi sǐle.
	A: 天啊。你买什么了?
	Tiān a. Nǐ mǎi shénme le?
	B: 最近手头很紧，而且离发工资还有半个月。所以没买什么。
	Zuìjìn shǒutóu hěn jǐn, érqiě lí fā gōngzī hái yǒu bàn ge yuè. Suǒyǐ méi mǎi shénme.
상황3	A: 这是我爱不释手的眼霜，以后**再也不想**换**了**。
	Zhè shì wǒ àibúshìshǒu de yǎnshuāng, yǐhòu zài yě bù xiǎng huàn le.
	B: 是吗? 不过你上次推荐的BB霜**不怎么样**。
	Shì ma? Búguò nǐ shàng cì tuījiàn de BB shuāng bùzěnmeyàng.

중국인들 활용법

> 不怎么样은 '그저 그렇다, 별로다'라는 뜻으로 쓰여요.
> 제안할 때 쓰는 '怎么样 (어떠하다)'와 구분해 사용하세요.

宿舍 sùshè 기숙사

拔 bá 빼다, 뽑다

智齿 zhìchǐ 사랑니

有你! **再也不想**出宿舍**了**。
Yǒu nǐ! Zài yě bù xiǎng chū sùshè le.
(에어컨) 네가 있으니까!
다시는 기숙사 밖으로 나가기 싫어. (안 나갈 거야)

我**再也不想**拔智齿**了**。
Wǒ zài yě bù xiǎng bá zhìchǐ le.
다시는 사랑니 안 뽑을 거예요.

드라마 속에서 쓰인 오늘의 패턴　　5번 입으로 읽어보세요　1　2　3　4　5

A: 我还用不着你**来**教训我。**再也不想**见到你**了**。
Wǒ hái yòng bu zháo nǐ lái jiàoxun wǒ. Zài yě bù xiǎng jiàndào nǐ le.
나는 네 훈계 필요 없거든? 다시는 너 만나기 싫어.

B: 明星，太累了吧。
Míngxīng, tài lèi le ba.
연예인(하는 거), 너무 곤란한 거 아니니?

来
1) 오다
2) 주체(앞에 나온 주어) 강조
3) 자! 여기! (주의 집중)

用不着 yòng bu zháo 필요치 않다 ㅣ 教训 jiàoxun 훈계하다 ㅣ 明星 míngxīng 스타

127

30 오늘은 한국의 고백 데이에요. 꼭 여성에게 고백해야 해요.

아는 단어, 문장 끄집어내 직접 적어보기

▶ _____

_____

▶ _____

_____

오늘의 표현

꼭 A 해야 해.
一定要 A yídìng yào...

주어	기타등등	동사/형용사	(목적어)
	꼭+해야 한다	행복하다	
	一定要 Yídìng yào	**幸福** xìngfú	

> 형용사와 동사의 가장 큰 차이점은 목적어의 유무에요. 동사는 목적어가 함께 올 수 있지만, 형용사는 목적어를 쓸 수 없죠. **一定要** 뒤에 형용사를 쓸 때는 목적어를 쓸 수 없다는 점 기억하세요.

말중작 해보기

1. 꼭 **기회를 잡아**야 해.

2. 꼭 **한 번 (시도) 해봐**야 해.

3. 꼭 **담배 끊어**야 해.

4. 꼭 **드라이클리닝 해**야 해.

5. 꼭 **나를 깨워 줘**야 해.

참고 단어

抓住 zhuāzhù 붙잡다

机会 jīhuì 기회

试 shì 시험 삼아 해 보다

戒烟 jiè yān 담배를 끊다

干洗 gānxǐ 드라이클리닝 (하다)

叫醒 jiàoxǐng 깨우다

정답을 맞혀보면서 5번 입으로 읽어보세요   1   2   3   4   5

1	꼭 기회를 잡아야 해.	一定要抓住机会。 Yídìng yào zhuāzhù jīhuì.
2	꼭 한 번 (시도) 해봐야 해.	一定要试试。 Yídìng yào shìshi.
3	꼭 담배 끊어야 해.	一定要戒烟。 Yídìng yào jiè yān.
4	꼭 드라이클리닝 해야 해.	一定要干洗。 Yídìng yào gānxǐ.
5	꼭 나를 깨워 줘야 해.	一定要叫醒我。 Yídìng yào jiàoxǐng wǒ.

말중작 업그레이드   전치사구 넣어 활용하기
: 오늘은 한국의 고백데이에요. 꼭 여성에게 고백해야 해요.

주어	기타등등	동사	목적어
	꼭+해야 한다+여성에게	고백하다	
	一定要向女生 Yídìng yào xiàng nǚshēng	表白 biǎobái	

말중작 해보기(2)

1. 오늘은 한국의 고백데이에요. 꼭 여성에게 고백해야 해요.

2. 오늘은 한국의 삼겹살데이에요. 꼭 삼겹살을 먹어야 해요.

3. 오늘은 한국의 블랙데이에요. 꼭 짜장면을 먹어야 해요.

4. 오늘은 한국의 빼빼로데이에요. 꼭 친구에게 빼빼로를 줘야 해요.

5. 오늘은 중국의 쌍 11데이에요. 집에서 인터넷 쇼핑해야 해요.

참고 단어

表白日 biǎobáirì 고백데이

五花肉节 wǔhuāròujié
삼겹살데이

黑色情人节 hēisè qíngrénjié
블랙데이

炸酱面 zhájiàngmiàn 짜장면

棒棒节 bàngbàngjié
빼빼로데이

双十一 shuāngshíyī
11월 11일

网上购物 wǎngshàng gòuwù
인터넷 쇼핑(하다)

정답을 맞혀보면서 5번 입으로 읽어보세요   1   2   3   4   5

1	오늘은 한국의 고백데이에요. 꼭 여성에게 고백해야 해요.	今天是韩国的表白日。一定要向女生表白。 Jīntiān shì Hánguó de biǎobáirì. Yídìng yào xiàng nǚshēng biǎobái.
2	오늘은 한국의 삼겹살데이에요. 꼭 삼겹살을 먹어야 해요.	今天是韩国的五花肉节。一定要吃五花肉。 Jīntiān shì Hánguó de wǔhuāròujié. Yídìng yào chī wǔhuāròu.
3	오늘은 한국의 블랙데이에요. 꼭 짜장면을 먹어야 해요.	今天是韩国的黑色情人节。一定要吃炸酱面。 Jīntiān shì Hánguó de hēisè qíngrénjié. Yídìng yào chī zhájiàngmiàn.
4	오늘은 한국의 빼빼로데이에요. 꼭 친구에게 빼빼로를 줘야 해요.	今天是韩国的棒棒节。一定要给朋友棒棒饼干。 Jīntiān shì Hánguó de bàngbàngjié. Yídìng yào gěi péngyou bàngbàng bǐnggān.
5	오늘은 중국의 쌍 11데이에요. 집에서 인터넷 쇼핑해야 해요.	今天是中国的双十一。一定要在家网上购物。 Jīntiān shì Zhōngguó de shuāngshíyī. Yídìng yào zài jiā wǎngshàng gòuwù.

답정너로 상황 연습

상황1	A: 월급까지 10일이나 남았어. B: 너 또 (돈) 다 썼어? A: 어제가 쌍 11이었잖아. 집에서 인터넷 쇼핑했어. 또 물건 사면 나 사람이 아니야.
상황2	A: 무엇을 사고 싶으세요? B: 저 검은색 티셔츠 사고 싶어요. A: 이건 어떠세요? 지금 50% 할인이에요. 절대 이 기회 놓치지 마세요. B: 좋아요, 이거로 주세요. 세탁기로 빨아도 되나요? A: 꼭 드라이하셔야 해요.
상황3	A: 오늘 삼겹살데이인데, 퇴근하고 뭐 할 계획이야? B: 나 야구 경기 보러 갈 계획이야. 이변이 있을까 없을까? A: LG가 틀림없이 이길 거야.

참고 단어

发工资 fā gōngzī 월급을 주(받)다 | 花光 huāguāng 전부 써 버리다 | T恤 T xù 티셔츠 | 打折 dǎ zhé 할인하다
错过 cuòguò (기회 등) 놓치다 | 洗衣机 xǐyījī 세탁기 | 爆冷门 bào lěngmén 의외의 결과(대이변)가 나타나다
肯定 kěndìng 틀림없이

상황1	A: 离发工资还有十天。 Lí fā gōngzī hái yǒu shí tiān. B: 你又花光了吗？ Nǐ yòu huāguāng le ma? A: 昨天是**双十一**，在家网上购物了。再买东西我不是人。 Zuótiān shì shuāng shíyī, zài jiā wǎngshàng gòuwù le. Zài mǎi dōngxi wǒ bú shì rén.
상황2	A: 您想买什么？ Nín xiǎng mǎi shénme? B: 我想买一件黑色T恤。 Wǒ xiǎng mǎi yí jiàn hēisè T xù. **打折**사이에 숫자를 넣어 할인을 표현해요. 이때 한국과 달리 할인율이 아닌 할인 된 이후 지급해야할 퍼센트를 표현해요. 예를 들어 60% 할인이라면 숫자 6이 아닌 4를 넣는 거예요. ex) 60% 할인: **打4折**, 40% 할인: **打6折** A: 这件怎么样？现在打**五折**。千万别错过这次机会。 Zhè jiàn zěnmeyàng? Xiànzài dǎ wǔ zhé. Qiānwàn bié cuòguò zhè cì jīhuì. B: 好啊，来这件吧。能用洗衣机洗吗？ Hǎo a, lái zhè jiàn ba. Néng yòng xǐyījī xǐ ma? A: **一定要**干洗。 Yídìng yào gānxǐ.
상황3	A: 今天是**五花肉节**。下班以后，你打算做什么？ Jīntiān shì wǔhuāròujié. Xià bān yǐhòu, nǐ dǎsuan zuò shénme? B: 我打算去看棒球比赛。会不会爆冷门？ Wǒ dǎsuan qù kàn bàngqiú bǐsài. Huì bu huì bào lěngmén? A: LG肯定会赢。 LG kěndìng huì yíng.

중국인들 활용법

大家**一定要**小心。
Dàjiā yídìng yào xiǎoxīn.
모두 반드시 조심하세요.

小心　xiǎoxīn 조심하다

有趣　yǒuqù 재미있다

持久　chíjiǔ 오래 지속되다

运动**一定要**有趣才能持久。
Yùndòng yídìng yào yǒuqù cái néng chíjiǔ.
운동은 꼭 재미있어야 해요, 그래야 비로소 오래 할 수 있어요.

드라마 속에서 쓰인 오늘의 패턴
5번 입으로 읽어보세요　1　2　3　4　5

A: 还差最后一个，就只差一个了。你**一定要**帮我啊。
Hái chà zuì hòu yí ge, jiù zhǐ chà yí ge le. Nǐ yídìng yào bāng wǒ a.
아직 마지막 한 명이 부족해, 딱 한 명 남았어. 네가 꼭 도와줘야 된다.

B: 你们在这里啊？
Nǐmen zài zhèlǐ a?
너네 여기에 있네?

差　chà 모자라다 | 帮　bāng 돕다

묶어보기

다음 한글을 보고 중국어로 말해보세요.

	패턴(한국어문장)	말중작
21	입방정, 틀림없이 방법이 있을 거야.	
22	내가 미리 경고하고 싶은데... 내일 회의 있어.	
23	운이 좋았을 뿐이에요, 가까스로(겨우) 승진했어요.	
24	실패할지언정 후회는 안 해.	
25	툭하면 화내, (친하게) 지내기 힘들어.	
26	아무것도 하고 싶지 않아, 심지어는 화장실 가기도 귀찮아.	
27	안타깝게도 그는 대학에 합격 못 했어.	
28	월급까지 보름이나 남았어.	
29	다시는 연애 안 하고 싶어.	
30	오늘은 한국의 고백 데이에요. 꼭 여성에게 고백해야 해요.	

묶어보기(답안)

정답을 맞혀보면서 5번 입으로 읽어보세요   1   2   3   4   5

	패턴(한국어문장)	말중작
21	입방정, 틀림없이 방법이 있을 거야.	乌鸦嘴，肯定会有办法的。
22	내가 미리 경고하고 싶은데... 내일 회의 있어.	我想提醒你明天有会议。
23	운이 좋았을 뿐이에요, 가까스로(겨우) 승진했어요.	运气好而已， 好不容易升职了。
24	실패할지언정 후회는 안 해.	宁可失败，也不后悔。
25	툭하면 화내, (친하게) 지내기 힘들어.	动不动就生气，很难相处。
26	아무것도 하고 싶지 않아, 심지어는 화장실 가기도 귀찮아.	什么都不想做，甚至懒得上厕所。
27	안타깝게도 그는 대학에 합격 못 했어.	可惜他没考上大学。
28	월급까지 보름이나 남았어.	离发工资还有半个月(＝十五天)。
29	다시는 연애 안 하고 싶어.	再也不想谈恋爱了。
30	오늘은 한국의 고백 데이에요. 꼭 여성에게 고백해야 해요.	今天是韩国的表白日。 一定要向女生表白。

31 너 설마 모르는 거야?

► _____

_____

► _____

_____

오늘의 표현	설마
	难道 nándào

(기타등등)	주어	기타등등	동사	목적어	(문장 맨 뒤)
설마	너는	not	알다		?
难道 Nándào	你 nǐ	不 bù	知道 zhīdào		吗 ma

★리얼tip★

부사 중에서 결국, 마침내, 설마 같이 태도, 추측, 강조 등의 어기를 나타내는 부사를 어기 부사라고 해요. 어기 부사는 주어와 동사(형용사) 사이에 쓰는 다른 부사들과 달리 문장 맨 앞에 쓰기도 해서 상단 표에 〈기타등등〉이 2개로 나뉘어 있답니다.

말중작 해보기

1. 설마 나 안 믿는 거야?

2. 설마 네가 말한 것 모두 빈말인 거야?

3. 설마 모든 것이 다 내 잘못인 거야

4. 설마 특별한 이유가 있는 거야?

5. 설마 너는 양심이 없는 거야?

참고 단어

相信 xiāngxìn 믿다

空话 kōnghuà 빈말

错 cuò 틀림, 잘못

特别 tèbié 특별하다

理由 lǐyóu 이유

良心 liángxīn 양심

정답을 맞혀보면서 5번 입으로 읽어보세요   1   2   3   4   5

1 설마 나 안 믿는 거야?	难道你不相信我吗? Nándào nǐ bù xiāngxìn wǒ ma?
2 설마 네가 말한 것 모두 빈말인 거야?	难道你说的都是空话吗? Nándào nǐ shuō de dōu shì kōnghuà ma?
3 설마 모든 것이 다 내 잘못인 거야?	难道一切都是我的错吗? Nándào yíqiè dōu shì wǒ de cuò ma?
4 설마 특별한 이유가 있는 거야?	难道有特别的理由吗? Nándào yǒu tèbié de lǐyóu ma?
5 설마 너는 양심이 없는 거야?	难道你没有良心吗? Nándào nǐ méiyǒu liángxīn ma?

말중작 업그레이드   다른 단어 넣어 활용하기: 설마 나를 안 사랑하게 된 거야?

(기타등등)	주어	기타등등	동사	목적어	(문장 맨 뒤)
설마	너는	not	사랑하다	나를	(변화)+?
难道 Nándào	你 nǐ	不 bú	爱 ài	我 wǒ	了吗 le ma

말중작 해보기(2)

1. 설마 나를 안 사랑하게 된 거야?

2. 설마 내가 진짜 늙은 거야?

3. 설마 내가 잘못 기억한 거야?

4. 설마 계속 나를 속이고 있던 거야?

5. 설마 내가 모를 거라고 생각했던 거야?

참고 단어

老 lǎo 늙다

记 jì 기억하다

一直 yìzhí 계속해서

骗 piàn 속이다

以为 yǐwéi 여기다

정답을 맞혀보면서 5번 입으로 읽어보세요 1 2 3 4 5

1	설마 나를 안 사랑하게 된 거야?	难道你不爱我了吗? Nándào nǐ bú ài wǒ le ma?
2	설마 내가 진짜 늙은 거야?	难道我真的老了吗? Nándào wǒ zhēnde lǎo le ma?
3	설마 내가 잘못 기억한 거야?	难道我记错了吗? Nándào wǒ jìcuò le ma?
4	설마 계속 나를 속이고 있던 거야?	难道你一直在骗我吗? Nándào nǐ yìzhí zài piàn wǒ ma?
5	설마 내가 모를 거라고 생각했던 거야?	难道你以为我不知道吗? Nándào nǐ yǐwéi wǒ bù zhīdào ma?

답정너로 상황 연습

상황1	A: 우리 헤어져. 다시는 너를 보고 싶지 않아. B: 왜 그래? 설마 내가 뭐 잘못했어? 설마 네가 말한 것 다 빈말이었니?
상황2	A: 너 그녀의 핸드폰 번호 알아? B: 응, 010-1004-1004. A: 이 번호 없는 번호야. B: 그럴 리 없어, 설마 내가 잘못 기억하는 건가? 설마 걔가 나 안 좋아하나?
상황3	A: 듣자 하니까 东东이 또 양다리 걸쳤대. B: 어떻게 또 양다리를 걸쳐? 걔 여자친구는 예쁘고, 능력 있잖아. 설마 걔는 양심이 없는 걸까? A: 그러니까 말이야.

참고 단어

分手 fēn shǒu 헤어지다 | 手机号码 shǒujī hàomǎ 핸드폰 번호 | 空号 kōnghào 결번 | 劈腿 pītuǐ 양다리를 걸치다
能干 nénggàn 유능하다

상황1	A: 咱们分手吧。再也不想见到你了。 Zánmen fēn shǒu ba. Zài yě bù xiǎng jiàndào nǐ le. B: 怎么了? 难道我做错什么了吗? 难道你说的都是空话吗? Zěnme le? Nándào wǒ zuòcuò shénme le ma? Nándào nǐ shuō de dōu shì kōnghuà ma?
상황2	A: 你知道她的手机号码吗? Nǐ zhīdào tā de shǒujī hàomǎ ma? B: 嗯, 零幺零-幺零零四-幺零零四。 èng, líng yāo líng- yāo líng líng sì- yāo líng líng sì. A: 这个号码是空号。 Zhè ge hàomǎ shì kōnghào. B: 不可能, 难道我记错了吗? 难道她不喜欢我吗? Bù kěnéng, nándào wǒ jìcuò le ma? Nándào tā bù xǐhuan wǒ ma?
상황3	A: 听说东东又劈腿了。 Tīngshuō Dōngdōng yòu pītuǐ le. B: 怎么又劈腿了? 他女朋友又漂亮又能干。 Zěnme yòu pītuǐ le? Tā nǚpéngyǒu yòu piàoliang yòu nénggàn. 难道他没有良心吗? Nándào tā méiyǒu liángxīn ma? A: 就是嘛。 Jiù shì ma.

> 就是을 단독으로 써서 '동의'를 표현할 수 있어요.
> "그렇고말고, 맞아, 그래" 같은 뜻으로 활용하는 연습해보세요.

중국인들 활용법

肉 ròu 고기

飞 fēi 날아가다(증발하다)

肉呢? 难道飞了?
Ròu ne? Nándào fēi le?
고기요? 설마 날아갔나요?
(발이라도 달린 건가요?)

难道真的不能做朋友吗?
Nándào zhēnde bù néng zuò péngyou ma?
설마 진짜 친구가 될 수 없는 걸까요?

드라마 속에서 쓰인 오늘의 패턴   5번 입으로 읽어보세요   1   2   3   4   5

A: 你们难道不想问点儿什么吗? 比如说, 我刚才干吗去了。
Nǐmen nándào bù xiǎng wèn diǎnr shénme ma? Bǐrú shuō, wǒ gāngcái gànmá qù le.
엄마, 아빠는 설마 뭐 물어보고 싶은 게 없으세요? 예를 들면, 제가 방금 뭐 하러 갔다 왔는지 같은 거요.

B: 你确实应该熟悉熟悉这新家的周边环境。
Nǐ quèshí yīnggāi shúxī shúxī zhè xīn jiā de zhōubiān huánjìng.
너도 사실 새집 주변 환경에 좀 익숙해지고 해야지.

> 동사를 중첩하면 '좀 ~하다, 한 번 ~하다'로
> 뉘앙스가 약해져요.
> 한 글자 동사(A): AA, 두 글자 동사(AB):ABAB

확实 quèshí 확실히 | 应该 yīnggāi 해야한다 | 熟悉 shúxī 익히 알다 | 周边 zhōubiān 주위 | 环境 huánjìng 환경

32 실패가 나쁜 일만은 아니에요.

▶ _____

_____

▶ _____

_____

오늘의 표현

반드시 ~한 것은 아니다.
不见得~ bújiàndé...

주어	기타등등	동사	목적어
실패가	반드시~ 한 것은 아니다	이다	나쁜 일
失败 shībài	**不见得** bújiàndé	**是** shì	**坏事** huàishì

말중작 해보기

1. 좌절이 나쁜 일만은 아니에요.

2. 경쟁이 나쁜 일만은 아니에요.

3. 스트레스가 나쁜 일만은 아니에요.

4. 결혼이 좋은 일만은 아니에요.

5. 솔직한 것이 좋은 일만은 아니에요.

참고 단어

挫折 cuòzhé 좌절(하다)

竞争 jìngzhēng 경쟁(하다)

压力 yālì 스트레스

结婚 jié hūn 결혼하다

坦白 tǎnbái 솔직하다

138

정답을 맞혀보면서 5번 입으로 읽어보세요 1   2   3   4   5

1 좌절이 나쁜 일만은 아니에요.	挫折不见得是坏事。 Cuòzhé bújiàndé shì huàishì.
2 경쟁이 나쁜 일만은 아니에요.	竞争不见得是坏事。 Jìngzhēng bújiàndé shì huàishì.
3 스트레스가 나쁜 일만은 아니에요.	压力不见得是坏事。 Yālì bújiàndé shì huàishì.
4 결혼이 좋은 일만은 아니에요.	结婚不见得是好事。 Jié hūn bújiàndé shì hǎoshì.
5 솔직한 것이 좋은 일만은 아니에요.	坦白不见得是好事。 Tǎnbái bújiàndé shì hǎoshì.

말중작 업그레이드

다른 단어 넣어보기: 성적이 좋다고 꼭 다 똑똑한 건 아니에요.

주어	기타등등	동사/형용사	(목적어)
성적이+ 좋다	반드시~ 한 것은 아니다 +모두	똑똑하다	
成绩好 Chéngjì hǎo	不见得都 bújiàndé dōu	聪明 cōngmíng	

말중작 해보기(2)

1. 성적이 좋다고 꼭 다 똑똑한 건 아니에요.

2. 가격이 비싼 물건이 꼭 다 좋은 건 아니에요.

3. 나이가 어리다고 꼭 다 철이 없는 건 아니에요.

4. 말이라고 꼭 다 듣기 좋은 건 아니에요.

5. 돈이 있다고 꼭 다 성공할 수 있는 건 아니에요.

참고 단어

价格 jiàgé 가격

年纪 niánjì 연령, 나이

小 xiǎo (나이) 어리다

懂事 dǒng shì 철들다

话 huà 말

好听 hǎotīng 듣기 좋다

成功 chénggōng 성공(하다)

말중작 정답(2)

정답을 맞혀보면서 5번 입으로 읽어보세요   1   2   3   4   5

1	성적이 좋다고 꼭 다 똑똑한 건 아니에요.	成绩好不见得都聪明。 Chéngjì hǎo bújiàndé dōu cōngmíng.
2	가격이 비싼 물건이 꼭 다 좋은 건 아니에요.	价格贵的东西不见得都好。 Jiàgé guì de dōngxi bújiàndé dōu hǎo.
3	나이가 어리다고 꼭 다 철이 없는 건 아니에요.	年纪小不见得都不懂事。 Niánjì xiǎo bújiàndé dōu bù dǒng shì.
4	말이라고 다 듣기 좋은 건 아니에요.	话不见得都好听。 Huà bújiàndé dōu hǎotīng.
5	돈이 있다고 다 성공할 수 있는 건 아니에요.	有钱不见得都能成功。 Yǒu qián bújiàndé dōu néng chénggōng.

★리얼tip★

不见得는 단독 사용도 가능해요. 누군가의 이야기에 "아닐걸~"같은 의미로 리액션 하고 싶다면 不见得를 떠올려보세요. 이번 과(32과) 제일 마지막에 나오는 〈드라마에 나오는 오늘의 패턴〉에서도 리액션으로 썼답니다. 잠시 뒤에 드라마 내용에서 다시 체크해보세요.

답정너로 상황 연습

상황1	A: 나 남자 친구랑 헤어졌어... 참 괴로워... B: 너무 괴로워하지 마, 실연이 나쁜 일만은 아니야. 똥차가 가야 벤츠가 오는 거야.
상황2	A: 하나밖에 못 사는데, 뭐 사는 게 좋을까? 정말 결정 장애야. B: 싼 거 사, 가격이 비싼 물건이 다 좋은 건 아니야.
상황3	A: 듣자 하니까 나 곧 국수 먹을 수 있다며? 축하해! 결혼한 이후에 너희 어디 살아? B: 우리 돈이 없어, 그래서 외곽에서 세 들어 살 예정이야. A: 외곽에 사는 게 돈을 절약할 수 있는 것만은 아니야. 교통비를 고민해야 해.

참고 단어

难过 nánguò 괴롭다 | 失恋 shī liàn 실연(하다) | 旧 jiù 낡다 | 纠结 jiūjié 결정장애(고민이다)
吃喜糖 chī xǐtáng 결혼하다(국수먹다) | 恭喜 gōngxǐ 축하하다 | 郊区 jiāoqū 교외 | 省钱 shěng qián 돈 절약하다
考虑 kǎolǜ 고려(하다) | 交通费 jiāotōngfèi 교통비

상황1	A: 我跟男朋友分手了。好难过。 Wǒ gēn nánpéngyǒu fēn shǒu le. Hǎo nánguò. B: 不要太难过，失恋不见得是坏事。旧的不去，新的不来。 Búyào tài nánguò, shī liàn bújiàndé shì huàishì. Jiù de bú qù, xīn de bù lái.
상황2	A: 只能买一个，买什么好呢？很纠结。 Zhǐnéng mǎi yí ge, mǎi shénme hǎo ne? Hěn jiūjié. B: 就买便宜的吧。价格贵的东西不见得都好。 Jiù mǎi piányi de ba. Jiàgé guì de dōngxi bújiàndé dōu hǎo.
상황3	A: 听说我可以吃(你的)喜糖了。恭喜你啊！结婚以后，你们住哪儿？ Tīngshuō wǒ kěyǐ chī (nǐ de) xǐtáng le. Gōngxǐ nǐ a! Jié hūn yǐhòu, nǐmen zhù nǎr? B: 我们没有钱，所以打算在郊区租房。 Wǒmen méiyǒu qián, suǒyǐ dǎsuan zài jiāoqū zū fáng. A: 住在郊区不见得能省钱。你得考虑交通费。 Zhùzài jiāoqū bújiàndé néng shěng qián. Nǐ děi kǎolǜ jiāotōngfèi.

중국인들 활용법

우리가 흔히 위로할 때 쓰는 **"똥차 가야 벤츠 온다"**라는 표현은
중국어에서 '낡은 게 가야 새로운 게 온다'에요. 외우지 않으면
쓸 수 없는 표현인 만큼 꼭 외워보세요.

水果 shuǐguǒ 과일

看似 kànsì 보기에 마치

优点 yōudiǎn 장점

其实 qíshí 사실은

饭后吃水果，**不见得**是好事！
Fàn hòu chī shuǐguǒ, bújiàndé shì hǎoshì!
식후에 과일을 먹는 것이 꼭 좋은 일만은 아니에요.

看似是优点，其实**不见得**是优点。
Kànsi shì yōudiǎn, qíshí bújiàndé shì yōudiǎn.
보기에 장점처럼 보이지만, 사실 장점이 아닐지도 몰라요.

드라마 속에서 쓰인 오늘의 패턴　5번 입으로 읽어보세요　1　2　3　4　5

A: 走了啊。
Zǒu le a.
저 갈게요.

B: 走了？那我就不送了啊。
Zǒu le? Nà wǒ jiù bú sòng le a.
가? 그럼 멀리 안 나갈게.

C: 我也不送了。
Wǒ yě bú sòng le.
나도 멀리 안 갈게.

B: 你要是看见大猩猩，你就能明白你两个弟弟有多么的英俊了。
Nǐ yàoshi kànjiàn dàxīngxing, nǐ jiù néng míngbai nǐ liǎng ge dìdi yǒu duōme de yīngjùn le.
누나가 고릴라 보면, 바로 이해할 거야, 누나의 두 동생이 얼마나 멋지고 훌륭했는지.

A: **不见得**。
Bújiàndé
아닐걸?

送 sòng 배웅하다 | 要是 yàoshi 만약 | 看见 kànjiàn 보이다 | 大猩猩 dàxīngxing 고릴라 | 明白 míngbai 이해하다
多么 duōme 얼마나 | 英俊 yīngjùn 영민하고 준수하다

33 그녀가 그 말로만 듣던 그 사람이에요.
그녀는 스타 못지않아요.

▶ _____

_____

▶ _____

_____

오늘의 표현

A는 B 못지않아.
A不比B差。　A bù bǐ B chà.

주어	기타등등	형용사
그녀는	아니다+ 스타보다	떨어지다
她 Tā	不比明星 bù bǐ míngxīng	差 chà

말중작 해보기

1. 그녀의 인기는 스타 못지않아요.

2. 그녀의 수입은 스타 못지않아요.

3. 그녀의 비주얼은 스타 못지않아요.

4. 그녀의 이미지는 스타 못지않아요.

5. 그녀의 분위기는 스타 못지않아요.

참고 단어

人气 rénqì 인기

收入 shōurù 수입

颜值 yánzhí 얼굴값, 비주얼

形象 xíngxiàng 이미지

气质 qìzhì 분위기

정답을 맞혀보면서 5번 입으로 읽어보세요   1   2   3   4   5

1 그녀의 인기는 스타 못지않아요.	她的人气不比明星差. Tā de rénqì bù bǐ míngxīng chà.
2 그녀의 수입은 스타 못지않아요.	她的收入不比明星差. Tā de shōurù bù bǐ míngxīng chà.
3 그녀의 비주얼은 스타 못지않아요.	她的颜值不比明星差. Tā de yánzhí bù bǐ míngxīng chà.
4 그녀의 이미지는 스타 못지않아요.	她的形象不比明星差. Tā de xíngxiàng bù bǐ míngxīng chà.
5 그녀의 분위기는 스타 못지않아요.	她的气质不比明星差. Tā de qìzhì bù bǐ míngxīng chà.

말중작 업그레이드   그녀가 말로만 듣던 그 사람이에요. 그녀는 스타 못지않아요.

주어	기타등등	동사	목적어
그녀가	바로	이다	말로만 듣던 그 사람
她 Tā	就 jiù	是 shì	传说中的那个人 chuánshuō zhōng de nà ge rén.

★리얼tip★

'그 유명한, 말로만 듣던'을 중국인들은 '전설 속의'라는 표현을 쓰는데요. 그 뒤에는 다양한 명사를 붙여서 활용할 수 있어요. '그 유명한 여신이야, 그 유명한 엄친아야'같은 문장으로 다양한 명사와 함께 활용해보세요.

말중작 해보기(2)

1. 그녀가 말로만 듣던 그 사람이에요. 그녀의 인기는 스타 못지않아요.

2. 그녀가 말로만 듣던 그 사람이에요. 그녀의 수입은 스타 못지않아요.

3. 그녀가 말로만 듣던 그 사람이에요. 그녀의 비주얼은 스타 못지않아요.

4. 그녀가 말로만 듣던 그 여신이에요. 그녀의 이미지는 스타 못지않아요.

5. 그녀가 말로만 듣던 그 여신이에요. 그녀의 분위기는 스타 못지않아요.

말중작 정답(2)

정답을 맞혀보면서 5번 입으로 읽어보세요 1 2 3 4 5

1	그녀가 말로만 듣던 그 사람이에요. 그녀의 인기는 스타 못지않아요.	她就是传说中的那个人。她的人气不比明星差。 Tā jiù shì chuánshuō zhōng de nà ge rén. Tā de rénqì bù bǐ míngxīng chà.
2	그녀가 말로만 듣던 그 사람이에요. 그녀의 수입은 스타 못지않아요.	她就是传说中的那个人。她的收入不比明星差。 Tā jiù shì chuánshuō zhōng de nà ge rén. Tā de shōurù bù bǐ míngxīng chà.
3	그녀가 말로만 듣던 그 사람이에요. 그녀의 비주얼은 스타 못지않아요.	她就是传说中的那个人。她的颜值不比明星差。 Tā jiù shì chuánshuō zhōng de nà ge rén. Tā de yánzhí bù bǐ míngxīng chà.
4	그녀가 말로만 듣던 그 여신이에요. 그녀의 이미지는 스타 못지않아요.	她就是传说中的女神。她的形象不比明星差。 Tā jiù shì chuánshuō zhōng de nǚshén. Tā de xíngxiàng bù bǐ míngxīng chà.
5	그녀가 말로만 듣던 그 여신이에요. 그녀의 분위기는 스타 못지않아요.	她就是传说中的女神。她的气质不比明星差。 Tā jiù shì chuánshuō zhōng de nǚshén. Tā de qìzhì bù bǐ míngxīng chà.

답정너로 상황 연습

상황1	A: 듣자 하니까 **玲玲**이가 올해의 캠퍼스 퀸 이래. B: 그 유명한 **여신**? A: 응, 그녀의 인기는 스타 못지않아. 그녀를 돌아볼 확률이 엄청 높아. 정말 부러워. B: 뭐가 부러워. 너는 그녀 못지않아.
상황2	A: 듣자 하니까 그녀 중국어 선생님이 됐대. B: 응, 그녀 책 몇 권 출판했어. 그녀의 수입은 대스타 못지않아.
상황3	A: 듣자 하니까 나 곧 국수 먹을 수 있다며? 축하해! 결혼한 이후에 너희 어디 살아? B: 이 나라는 희망이 없어. 국외로 이민 가고 싶어. A: 이민이 꼭 좋은 일은 아닐 수 있어. 게다가 한국의 교육은 미국(의 교육) 못지않아.

참고 단어

校花 xiàohuā 학교 퀸 | 回头率 huítóulù 돌아볼 확률 | 羡慕 xiànmù 부러워하다 | 当 dāng ...이 되다
出版 chūbǎn 출판(하다) | 吃喜糖 chī xǐtáng 결혼하다(국수먹다) | 国家 guójiā 국가 | 希望 xīwàng 희망(하다)
国外 guówài 국외 | 移民 yí mín 이민하다 | 教育 jiàoyù 교육(하다)

상황1	A: 听说玲玲是今年的校花。 Tīngshuō Línglíng shì jīnnián de xiàohuā. B: **传说中的**女神? Chuánshuō zhōng de nǚshén? A: 嗯，她的人气**不比**明星**差**。她的回头率很高，真羡慕。 èng, tā de rénqì bù bǐ míngxīng chà. Tā de huítóulǜ hěn gāo, zhēn xiànmù. B: 羡慕什么呀，你**不比**她**差**。 Xiànmù shénme ya, nǐ bù bǐ tā chà.
상황2	A: 听说她当汉语老师了。 Tīngshuō tā dāng Hànyǔ lǎoshī le. B: 嗯，她出版了几本书。她的收入**不比**大明星**差**。 èng, tā chūbǎnle jǐ běn shū. Tā de shōurù bù bǐ dàmíngxīng chà.
상황3	A: 听说我可以吃(你的)喜糖了。恭喜你啊！结婚以后，你们住哪儿? Tīngshuō wǒ kěyǐ chī (nǐ de) xǐtáng le. Gōngxǐ nǐ a! Jié hūn yǐhòu, nǐmen zhù nǎr? B: 这个国家没有希望。我想移民到国外。 Zhè ge guójiā méiyǒu xīwàng. Wǒ xiǎng yí mín dào guówài A: 移民不见得是好事，而且韩国的教育**不比**美国的**差**。 Yí mín bújiànde shì hǎoshì, érqiě Hánguó de jiàoyù bù bǐ Měiguó de chà.

중국인들 활용법

동사 뒤에 결과 보여 到를 붙여 동작의 결과를 보충 설명할 수 있어요. 이민을 가는데, 그 결과 국외까지 간다! 정도의 뉘앙스로 풀어서 기억해보세요.

任何人 rènhérén 누군가

丝毫 sīháo 추호, 조금도

原唱 yuánchàng 원곡 가수

你**不比**任何人**差**。
Nǐ bù bǐ rènhérén chà.
너는 그 어떤 사람보다 못하지 않아.
(다른 사람 못지않아)

丝毫**不比**原唱**差**。
Sīháo bù bǐ yuánchàng chà.
조금도 원곡 가수보다 못하지 않아요.

드라마 속에서 쓰인 오늘의 패턴   5번 입으로 읽어보세요 1 2 3 4 5

A: 你的能力一点儿都**不比**他**差**。年轻人嘛。
Nǐ de nénglì yìdiǎnr dōu bù bǐ tā chà. Niánqīngrén ma.
너의 능력은 조금도 걔보다 떨어지지 않아(걔 못지않아). 아직 젊잖아.

总该给自己多一条路，多一种可能。
Zǒng gāi gěi zìjǐ duō yì tiáo lù, duō yì zhōng kěnéng.
항상 자신에게 더 많은 길과 더 많은 가능성을 줘야지.

能力 nénglì 능력 l 年轻人 niánqīngrén 젊은이 l 总 zǒng 어쨌든 l 该 gāi ···해야 한다 l 路 lù 길
种 zhǒng (양사) 종류 l 可能 kěnéng 가능성

34 유럽여행은 물거품이 된 셈이에요.

▶ _____

_____

▶ _____

_____

오늘의 표현	~인 셈이에요. 算是~ suànshì...

주어	기타등등	동사	목적어
유럽여행은		~인 셈이다	물거품이 되다
欧洲旅行 ōuzhōu lǚxíng		算是 suànshì	泡汤了 pào tāng le

> 식품을 탕에 오래 담가 둬 먹을 수 없게 된 경우에 쓰는 말인데,
> '수포가 되다', '물거품이 되다'의 의미로 활용해요.

말중작 해보기

1. 다이어트는 물거품이 된 셈이에요.

2. 승진은 물거품이 된 셈이에요.

3. 올해의 장학금은 물거품이 된 셈이에요.

4. 오늘의 계획은 전부 물거품이 된 셈이에요.

5. 오늘의 반차는 또 물거품이 된 셈이에요.

참고 단어

减肥 jiǎn féi 다이어트(하다)

升职 shēng zhí 승진하다

奖学金 jiǎngxuéjīn 장학금

计划 jihuà 계획(하다)

半天假 bàn tiān jià 반차

정답을 맞혀보면서 5번 입으로 읽어보세요   1   2   3   4   5

1 다이어트는 물거품이 된 셈이에요.	减肥算是泡汤了。 Jiǎn féi suànshì pào tāng le.
2 승진은 물거품이 된 셈이에요.	升职算是泡汤了。 Shēng zhí suànshì pào tāng le.
3 올해의 장학금은 물거품이 된 셈이에요.	今年的奖学金算是泡汤了。 Jīnnián de jiǎngxuéjīn suànshì pào tāng le.
4 오늘의 계획은 전부 물거품이 된 셈이에요.	今天的计划算是全泡汤了。 Jīntiān de jìhuà suànshì quán pào tāng le.
5 오늘의 반차는 또 물거품이 된 셈이에요.	今天的半天假算是又泡汤了。 Jīntiān de bàn tiān jià suànshì yòu pào tāng le.

말중작 업그레이드   算是의 또 다른 활용: 그는 좋은 사람이라고 할 수 있어요.

주어	기타등등	동사	(목적어)
그는	할 수 있다	~인 셈이다	좋은 사람
他 Tā	可以 kěyǐ	算是 suànshì	（一）个好人 (yí) ge hǎorén

중국인들은 숫자 '1'을 생략하는 경향이 있어요. 생략한 형태로도 많이 읽어봐야 중국인들이 말할 때 잘 이해할 수 있겠죠?

말중작 해보기(2)

1. 그는 좋은 사람인 셈이에요. (그는 좋은 사람이라고 할 수 있어요.)

2. 이 스타일은 가장 가성비 있는 것이라고 할 수 있어요.

3. 고춧가루는 한국 음식의 영혼이라고 할 수 있어요.

4. 그 영화는 최고의 재난 영화라고 할 수 있어요.

5. 이것은 《아이언맨》 중 가장 웃긴 장면이라고 할 수 있어요.

참고 단어

款 kuǎn (양) 스타일, 디자인

具 jù 가지다, 갖추다

性价比 xìngjiàbǐ 가격 대비 성능

辣椒粉 làjiāofěn 고춧 가루

灵魂 línghún 영혼

顶级 dǐngjí 수준이 최고인

灾难片 zāinànpiàn 재난 영화

铁钢侠 tiěgāngxiá 아이언맨

搞笑 gǎoxiào 웃기다

片段 piànduàn 토막, 부분

말중작 정답(2)

정답을 맞혀보면서 5번 입으로 읽어보세요   1   2   3   4   5

1	그는 좋은 사람 이라고 할 수 있어요.	他可以算是(一)个好人。 Tā kěyǐ suànshì (yí) ge hǎorén.
2	이 스타일은 가장 가성비 있는 것이라고 할 수 있어요.	这款可以算是最具性价比的。 Zhè kuǎn kěyǐ suànshì zuì jù xìngjiàbǐ de.
3	고춧가루는 한국 음식의 영혼이라고 할 수 있어요.	辣椒粉可以算是韩国菜的灵魂。 Làjiāofěn kěyǐ suànshì Hánguó cài de línghún.
4	그 영화는 최고의 재난 영화라고 할 수 있어요.	那部电影可以算是最顶级的灾难片。 Nà bù diànyǐng kěyǐ suànshì zuì dǐngjí de zāinànpiàn.
5	이것은 《아이언맨》 중 가장 웃긴 장면이라고 할 수 있어요.	这可以算是《钢铁侠》中最搞笑的片段。 Zhè kěyǐ suànshì《gāngtiěxiá》zhōng zuì gǎoxiào de piànduàn.

답정너로 상황 연습

상황1	A: 오늘은 3월 8일(3.8절)이야. 듣자 하니까 여자 직원들은 반차가 있대. B: 너 설마 몰라? 우리 3시에 중요한 회의 있잖아. 오늘의 반차는 날아간 거나 마찬가지야.
상황2	A: 저녁에 맥주 마시면서 야구 보는 거 어때? B: 야근 중이야... 내 휴식은 날아간 셈이야...우울해... A: 일하는 사람이 아름다운 거야, 힘내!
상황3	A: 주말에 뭐 했어? B: 비가 내려서, 여행이 물거품이 됐어. 그래서 사촌 (여) 동생이랑 영화 봤어. A: 무슨 영화 봤는데? 재미있어? B: 《연가시》 봤어. 그 영화는 최고의 재난 영화라고 할 수 있어. 절대 놓치지 마!

참고 단어

三八节 sānbājié 국제 여성의 날(3월 8일) | 员工 yuángōng 종업원 | 难道 nándào 설마…하겠는가?
重要 zhòngyào 중요하다 | 会议 huìyì 회의 | 一边…一边 yì biān…yì biān …하면서…하다
郁闷 yùmèn 마음이 답답하고 괴롭다 | 劳动 láodòng 노동(하다) | 美丽 měilì 아름답다 | 表妹 biǎomèi 사촌 여동생
铁线虫 tiěxiànchóng (영화) 연가시 | 错过 cuòguò (기회 등) 놓치다

상황1	A: 今天是三八节，听说女员工有半天假。 Jīntiān shì sānbājié, tīngshuō nǚ yuángōng yǒu bàn tiān jià. B: 难道你不知道吗？我们三点有重要的会议。 Nándào nǐ bù zhīdào ma? Wǒmen sān diǎn yǒu zhòngyào de huìyì. 今天的半天假算是泡汤了。 Jīntiān de bàn tiān jià suànshì pào tāng le.
상황2	A: 晚上一边喝啤酒一边看棒球，怎么样？ Wǎnshang yì biān hē píjiǔ yì biān kàn bàngqiú, zěnmeyàng? B: 我在加班呢。我的休息算是泡汤了。郁闷啊。 Wǒ zài jiā bān ne. Wǒ de xiūxi suànshì pào tāng le. Yùmèn a. A: 劳动人民最美丽！加油！ Láodòng rénmín zuì měilì! Jiā yóu!
상황3	A: 周末做什么了？ Zhōumò zuò shénme le? B: 因为下雨，旅行泡汤了。所以跟表妹看电影了。 Yīnwèi xià yǔ, lǚxíng pào tāng le. Suǒyǐ gēn biǎomèi kàn diànyǐng le. A: 看什么电影了？好看吗？ Kàn shénme diànyǐng le? Hǎokàn ma? B: 看《铁线虫》了。那部电影可以算是最顶级的灾难片。不要错过。 Kàn 《tiěxiànchóng》 le. Nà bù diànyǐng kěyǐ suànshì zuì dǐngjí de zāinànpiàn. Búyào cuòguò.

중국인들 활용법

算是耐看吧。
Suànshì nàikàn ba.
안 질린다고 볼 수 있죠.

说变心就变心，哪儿能算是爱。
Shuō biàn xīn jiù biàn xīn, nǎr néng suànshì ài.
금방 변해버리는 걸 어떻게 사랑이라고 할 수 있겠어요.

耐看 nàikàn
싫증이 안 난다

说A就B shuō A jiù B
…라고 말하자마자 …하다

变心 biàn xīn 변심하다

드라마 속에서 쓰인 오늘의 패턴　5번 입으로 읽어보세요　1　2　3　4　5

A: 这次就算是我错了，上一次也是我错了。那我跟你道歉，对不起啊。
Zhè cì jiù suànshì wǒ cuò le, shàng yí cì yě shì wǒ cuò le. Nà wǒ gēn nǐ dào qiàn, duìbuqǐ a.
이번에도 내 잘못인 셈이고, 저번에도 내가 잘못했어. 내가 너한테 사과할게. 미안해.

不过我真的是出于好心。
Búguò wǒ zhēnde shì chūyú hǎoxīn.
그런데 진짜로 좋은 의도였어.

道歉 dào qiàn 사과하다 | 出于 chūyú …에서 나오다 | 好心 hǎoxīn 선의

35

일이 얼마나 피곤하든, 주말마다 등산하러 가요.

▶ _____

_____

▶ _____

_____

오늘의 표현

~하든 (...에 관계없이)
无论~ wúlùn...

(접속사)	주어	기타등등	동사/형용사	(목적어)
~에 관계없이	일이	얼마나	피곤하다	
无论 Wúlùn	**工作** gōngzuò	**多** duō	**累,** lèi	

★리얼tip★
多라는 단어는 위치(품사)에 따라 다양하게 활용할 수 있어요. 형용사로는 '많다', 의문 부사로는 '얼마나'
라는 뜻이 돼요. 의문 부사로 쓸 때는 뒤에 형용사가 온다는 점 잊지 마세요.

말중작 해보기

1. 일이 얼마나 피곤하든, 그는 주말(마다) 등산하러 가요.

2. 일이 얼마나 바쁘든, 그는 매일(마다) 뉴스를 봐요.

3. 날씨가 얼마나 춥든, 그는 매일(마다) 아이스 아메리카노를 마셔요.

4. 얼마나 (생활이) 어렵든, 저는 도피하지 않을 거예요.

5. 얼마나 막막하고 얼마나 무기력하든, 포기하지 마세요.

참고 단어

爬山 pá shān 등산하다

新闻 xīnwén 뉴스

美式咖啡 měishì kāfēi
아메리카노

困难 kùnnan 어렵다

逃避 táobì 도피하다

无奈 wúnài 어찌 할 도리가 없다

无助 wúzhù 무기력 하다

放弃 fàngqì 포기하다

150

정답을 맞혀보면서 5번 입으로 읽어보세요   1   2   3   4   5

1	일이 얼마나 피곤하든, 그는 주말(마다) 등산하러 가요.	无论工作多累，他周末都去爬山。 Wúlùn gōngzuò duō lèi, tā zhōumò dōu qù pá shān.
2	일이 얼마나 바쁘든, 그는 매일(마다) 뉴스를 봐요.	无论工作多忙，他每天都看新闻。 Wúlùn gōngzuò duō máng, tā měitiān dōu kàn xīnwén.
3	날씨가 얼마나 춥든, 그는 매일(마다) 아이스 아메리카노를 마셔요.	无论天气多冷，他每天都喝冰美式咖啡。 Wúlùn tiānqì duō lěng, tā měitiān dōu hē bīng měishì kāfēi.
4	얼마나 (생활이) 어렵든, 저는 도피하지 않을 거예요.	无论(生活)多困难，我都不会逃避。 Wúlùn (shēnghuó) duō kùnnan, wǒ dōu bú huì táobì.
5	얼마나 막막하고 얼마나 무기력하든, 포기하지 마세요.	无论多无奈多无助，都不要放弃。 Wúlùn duō wúnài duō wúzhù, dōu búyào fàngqì.

말중작 업그레이드   다른 단어 넣어보기: 의문문의 다양한 형태

(접속사)	주어	기타등등	동사/형용사	(목적어)
~에 관계없이	일이		피곤하다+안 피곤하다	
无论 Wúlùn	**工作** gōngzuò		**累不累,** lèi bu lèi	

★리얼tip★

无论은 뒤에 반드시 '의문 형식'이 와야 한다는 특징이 있어요. 无论工作忙(일이 바쁘다) 같은 평서문이 올 수 없어요. 이때 의문형식은 앞에서 연습한 '얼마나 … 하든' 외에도 긍정+부정형식의 정반의문, 언제, 어디 같은 '각종 의문사 사용', '아니면' 같은 선택의문 등의 다양한 형태가 있다는 점 잊지 마세요.

말중작 해보기(2)

1. 일이 피곤하든 안 피곤하든, 그는 주말(마다) 등산하러 가요.

刮风 guā fēng
바람이 불다

2. 어디에 있든, 그는 매일(마다) 뉴스를 봐요.

如何 rúhé 어떻게

3. 바람이 불든 (아니면) 비가 오든, 그는 매일(마다) 아이스 아메리카노를 마셔요.

4. 어찌 됐건, 저는 도피하지 않을 거예요.

5. 어찌 됐건, 포기하지 마세요.

정답을 맞혀보면서 5번 입으로 읽어보세요   1   2   3   4   5

1	일이 피곤하든 안 피곤하든, 그는 주말(마다) 등산하러 가요.	无论工作累不累，他周末都去爬山。 Wúlùn gōngzuò lèi bu lèi, tā zhōumò dōu qù pá shān.
2	어디에 있든, 그는 매일(마다) 뉴스를 봐요.	无论在哪儿，他每天都看新闻。 Wúlùn zài nǎr, tā měitiān dōu kàn xīnwén.
3	바람이 불든 비가 오든, 그는 매일 아이스 아메리카노를 마셔요.	无论刮风还是下雨，他每天都喝冰美式咖啡。 Wúlùn guā fēng háishi xià yǔ, tā měitiān dōu hē bīng měishì kāfēi.
4	어찌 됐건, 저는 도피하지 않을 거예요.	无论如何，我都不会逃避。 Wúlùn rúhé, wǒ dōu bú huì táobì.
5	어찌 됐건, 포기하지 마세요.	无论如何，都不要放弃。 Wúlùn rúhé, dōu búyào fàngqì.

답정너로 상황 연습

상황1	A: 너는 무슨 취미가 있어? B: 나는 등산을 좋아해. 일이 얼마나 피곤하든, 나는 주말(마다) 등산하러 가.
상황2	A: 왜 그래? 걱정거리 있어? B: 나 곧 결혼하잖아. 그래서 바람이 불든 (아니면) 비가 오든, 매일 운동해. 그런데 효과가 하나도 없어. A: 신부는 뚱뚱하든 마르든 아름답든 못생겼든, 다 보기 좋아. 걱정할 필요 없어.
상황3	A: 듣자 하니까 东东이 승진은 또 물거품이 된 셈이래. B: 또 물거품? 그녀 괴로워하지? A: 안 괴로울 수 있겠어? 그래도 어찌 됐건, 그녀는 포기하지 않을 거야. 나는 그녀를 믿어.

참고 단어

爱好 àihào 취미 | 心事 xīnshì 걱정거리 | 效果 xiàoguǒ 효과 | 胖 pàng 뚱뚱하다 | 瘦 shòu 마르다
美 měi 아름답다 | 丑 chǒu 못생기다 | 好看 hǎokàn 보기 좋다 | 担心 dān xīn 걱정하다 | 升职 shēng zhí 승진하다
泡汤 pào tāng 물거품이 되다 | 难过 nánguò 괴롭다 | 相信 xiāngxìn 믿다

상황1	A: 你有什么爱好？ Nǐ yǒu shénme àihào? B: 我喜欢爬山。无论工作多累，我周末都去爬山。 Wǒ xǐhuan pá shān. Wúlùn gōngzuò duō lèi, wǒ zhōumò dōu qù pá shān.
상황2	A: 怎么了？有心事吗？ Zěnme le? Yǒu xīnshì ma? B: 我快结婚了。所以无论刮风还是下雨，每天都运动。 Wǒ kuài jié hūn le. Suǒyǐ wúlùn guā fēng háishi xià yǔ, měitiān dōu yùndòng. 不过一点儿效果都没有。 Búguò yìdiǎnr xiàoguǒ dōu méiyǒu. A: 新娘无论胖瘦美丑，都好看。不用担心。 Xīnniáng wúlùn pàng shòu měi chǒu, dōu hǎokàn. Búyòng dān xīn.
상황3	A: 听说东东的升职算是泡汤了。 Tīngshuō Dōngdōng de shēng zhí suànshì pào tāng le. B: 又泡汤了？她很难过吧？ Yòu pào tāng le? Tā hěn nánguò ba? A: 能不难过吗？不过无论如何，她都不会放弃。我相信她。 Néng bù nánguò ma? Búguò wúlùn rúhé, tā dōu bú huì fàngqì. Wǒ xiāngxìn tā.

> 无论 뒤에는 의문문 형식이 온다고 했죠. 지금처럼 모든 경우의 수를 나열하는 것도 의문문의 형식으로 본답니다.

중국인들 활용법

自己 zìjǐ 자기

别人 biérén 다른 사람

要求 yāoqiú 요구(하다)

无论如何，都爱你。
Wúlùn rúhé, dōu ài nǐ.
어찌 됐든 너를 사랑해.

无论是对自己还是对别人，要求都别太高。
Wúlùn shì duì zìjǐ háishi duì biérén, yāoqiú dōu bié tài gāo.
본인에게든 (아니면) 타인에게든, 기준(요구)를 높게 잡지 마세요.

드라마 속에서 쓰인 오늘의 패턴　5번 입으로 읽어보세요　1　2　3　4　5

A: 叶女士，难道您丈夫失踪了一百三十个小时，一点儿都不着急吗？
Yè nǚshì, nándào nín zhàngfu shī zōng le yìbǎi sānshí ge xiǎoshí, yìdiǎnr dōu bù zháo jí ma?
예(叶) 여사님, 설마 남편분이 실종된 지 130시간이 됐는데, 전혀 조급하지 않다는 건가요?

叶女士，**无论**是过去还是现在，受害人必须配合警方。
Yè nǚshì, wúlùn shì guòqù háishi xiànzài, shòuhàirén bìxū pèihé jǐngfāng.
예(叶) 여사님, 과거든 현재든, 피해자는 반드시 경찰에게 협력해야 합니다.

丈夫 zhàngfu 남편 ┃ 失踪 shī zōng 실종되다 ┃ 着急 zháo jí 조급해하다 ┃ 过去 guòqù 과거

受害人 shòuhàirén 피해자 ┃ 配合 pèihé 협력하다 ┃ 警方 jǐngfāng 경찰측

36 호랑이도 제 말하면 온다더니, 우리 네가 그날 말한 일을 얘기하고 있었어.

아는 단어, 문장 끄집어내 직접 적어보기

▶ _____

_____

▶ _____

_____

오늘의 표현 | ~라는 얘기를 하고 있었어.
正聊着~ Zhèng liáozhe...

주어	기타등등	동사	목적어
우리는	마침	얘기하다+~한채로 있다	그날 네가 말한+ 일
我们 Wǒmen	正 zhèng	聊着 liáozhe	那天你说的事情 nà tiān nǐ shuō de shìqing

말중작 해보기

1. 우리는 네가 그날 말한 일을 얘기하고 있었어.

2. 우리는 네가 결혼하려는 일을 얘기하고 있었어.

3. 우리는 어제 일어난 일을 얘기하고 있었어.

4. 우리는 전 남자친구 얘기하고 있었어.

5. 우리는 그녀의 루머를 얘기하고 있었어.

참고 단어

结婚 jié hūn 결혼하다

发生 fāshēng 발생하다

前男友 qiánnányǒu 전 남자친구

八卦 bāguà 루머(말하다)

정답을 맞혀보면서 5번 입으로 읽어보세요 1   2   3   4   5

1 우리 네가 그날 말한 일을 얘기하고 있었어.	我们正聊着那天你说的事情。 Wǒmen zhèng liáozhe nà tiān nǐ shuō de shìqing.
2 우리 네가 결혼하려는 일을 얘기하고 있었어.	我们正聊着你要结婚的事。 Wǒmen zhèng liáozhe nǐ yào jié hūn de shì.
3 우리 어제 일어난 일을 얘기하고 있었어.	我们正聊着昨天发生的事情。 Wǒmen zhèng liáozhe zuótiān fāshēng de shìqing.
4 우리 전 남자친구 얘기를 하고 있었어.	我们正聊着前男友的事。 Wǒmen zhèng liáozhe qiánnányǒu de shì.
5 우리 그녀의 루머를 얘기하고 있었어.	我们正聊着她的八卦。 Wǒmen zhèng liáozhe tā de bāguà.

말중작 업그레이드　　호랑이도 제 말하면 온다더니,
우리 네가 그날 말한 일을 얘기하고 있었어.

(첫 번째 문장)	주어	기타등등	동사	목적어
			말하다	조조를
			说 Shuō	曹操 CáoCāo

(두 번째 문장)	주어	기타등등	동사	목적어
	조조가	바로	도착한다	
	曹操 CáoCāo	就 jiù	到 dào	

말중작 해보기(2)

1. 호랑이도 제 말하면 온다더니, 우리 네가 그날 말한 일을 얘기하고 있었어.

2. 호랑이도 제 말하면 온다더니, 우리 네가 결혼하려는 일을 얘기하고 있었어.

3. 호랑이도 제 말하면 온다더니, 우리 어제 일어난 일을 얘기하고 있었어.

4. 호랑이도 제 말하면 온다더니, 우리 전 남자친구 얘기를 하고 있었어.

5. 호랑이도 제 말하면 온다더니, 우리 그녀의 루머를 얘기하고 있었어.

말중작 정답(2)

정답을 맞혀보면서 5번 입으로 읽어보세요   1   2   3   4   5

1	호랑이도 제 말하면 온다더니, 우리 네가 그날 말한 일을 얘기하고 있었어.	说曹操,曹操就到, 我们正聊着那天你说的事情。 Shuō Cáocāo, Cáocāo jiù dào, Wǒmen zhèng liáozhe nà tiān nǐ shuō de shìqíng.
2	호랑이도 제 말하면 온다더니, 우리 네가 결혼하려는 일을 얘기하고 있었어.	说曹操曹,操就到,我们正聊着你要结婚的事。 Shuō Cáocāo, Cáocāo jiù dào, Wǒmen zhèng liáozhe nǐ yào jié hūn de shì.
3	호랑이도 제 말하면 온다더니, 우리 어제 일어난 일을 얘기하고 있었어.	说曹操,曹操就到,我们正聊着昨天发生的事情。 Shuō Cáocāo, Cáocāo jiù dào, Wǒmen zhèng liáozhe zuótiān fāshēng de shìqíng.
4	호랑이도 제 말하면 온다더니, 우리 전 남자친구 얘기를 하고 있었어.	说曹操,曹操就到,我们正聊着前男友的事。 Shuō Cáocāo, Cáocāo jiù dào, Wǒmen zhèng liáozhe qiánnányǒu de shì.
5	호랑이도 제 말하면 온다더니, 우리 그녀의 루머를 얘기하고 있었어.	说曹操,曹操就到,我们正聊着她的八卦。 Shuō Cáocāo, Cáocāo jiù dào, Wǒmen zhèng liáozhe tā de bāguà.

답정너로 상황 연습

상황1	A: 호랑이도 제 말하면 온다더니. 이게 누구야? B: 그러니까 말이야. 우리 네가 결혼하려는 일을 얘기하고 있었어. C: 그래? 꼭 우리 결혼식에 참석해서 우리 축복해 줘.
상황2	A: 玲玲이 못 본 지 오래됐어. 걔 요즘 바빠? B: 걔 왔잖아. 저기 봐봐! A: 호랑이도 제 말하면 온다더니.
상황3	A: 여기 어쩌면 이렇게 시끌벅적해? 너희 무슨 얘기 하는 중이야? B: 호랑이도 제 말하면 온다더니. 우리 어제 네가 말해준 그녀의 루머를 얘기하고 있었어.

참고 단어

一定 yídìng 꼭 | 参加 cānjiā 참가하다 | 婚礼 hūnlǐ 결혼식 | 祝福 zhùfú 축복(하다) | 热闹 rènao 시끌벅적하다

	A: 说曹操，曹操就到。这是谁啊？ Shuō CáoCāo, CáoCāo jiù dào. Zhè shì shéi a?
상황1	B: 就是啊。我们正聊着你要结婚的事。 Jiù shì a. Wǒmen zhèng liáozhe nǐ yào jié hūn de shì.
	C: 是吗？一定来参加我们的婚礼，祝福我们。 Shì ma? Yídìng lái cānjiā wǒmen de hūnlǐ, zhùfú wǒmen.
상황2	A: 好久没看见玲玲了。她最近忙吗？ Hǎo jiǔ méi kànjiàn Línglíng le. Tā zuìjìn máng ma?
	B: 她这不是来了吗？看看那儿！ Tā zhè bú shì lái le ma? Kànkan nàr!
	A: 说曹操，曹操就到。 Shuō CáoCāo, CáoCāo jiù dào.
상황3	A: 这儿怎么这么热闹？你们在聊什么呢？ Zhèr zěnme zhème rènao? Nǐmen zài liáo shénme ne?
	B: 说曹操，曹操就到。我们正聊着昨天你说的她的八卦。 Shuō CáoCāo, CáoCāo jiù dào. Wǒmen zhèng liáozhe zuótiān nǐ shuō de tā de bāguà.

중국인들 활용법

世界 shìjiè 세계

跑 pǎo 달리다

问: "谁是世界上跑得最快的人？"
Shéi shì shìjiè shàng pǎo de zuì kuài de rén?
질문: 누가 세상에서 가장 빨리 다니는 사람일까요?

答: "曹操！说曹操，曹操就到。"
"CáoCāo! Shuō CáoCāo, CáoCāo jiù dào. "
답: "조조요! 조조는 제 말하면 오거든요."

드라마 속에서 쓰인 오늘의 패턴　5번 입으로 읽어보세요 1 2 3 4 5

A: 不是吧？我这么倒霉？难道又做手术？难道又跟昨天一样？
Bú shì ba? Wǒ zhème dǎo méi? Nándào yòu zuò shǒushù? Nándào yòu zuótiān yíyàng?
아니지? 내가 이렇게 재수가 없다ㄴ? 설마 또 수술하는 거야? 설마 또 어제랑 똑같이(사람이 죽은 거야?)

不许乌鸦嘴。打给我。现在就打。快点。现在就打，马上打。
Bùxǔ wūyāzuǐ. Dǎ gěi wǒ. Xiànzài jiù dǎ. Kuài diǎn. Xiànzài jiù dǎ, mǎshang dǎ.
입방정 떨면 안 돼. 나한테 전화해. 지금 바로 해. 빨리. 지금 걸어, 곧바로 걸어.

必须打，立刻打，快点打，打打打。没劲。(...) 说曹操，曹操就到啊！
Bìxū dǎ, lìkè dǎ, kuài diǎn dǎ, dǎ dǎ dǎ. Méi jìn. (...) Shuō CáoCāo, CáoCāo jiù dào a!
꼭 걸어야 해, 즉시 걸어, 걸어 걸어 걸어. 치, 재미없어. (벨 소리 울림) 호랑이도 제 말하면 온다더니.

倒霉 dǎo méi 재수 없다 | 难道 nándào 설마…하겠는가? | 做手术 zuò shǒushù 수술하다 | 不许 bùxǔ 불허하다
乌鸦嘴 wūyāzuǐ 입방정 | 马上 mǎshang 곧 | 必须 bìxū 반드시 …해야 한다 | 立刻 lìkè 즉시 | 没劲 méi jìn 재미없다

37 만약 거절당하면, 얼마나 난감해.

아는 단어, 문장 끄집어내 직접 적어보기

▶ _____

_____

▶ _____

오늘의 표현	만약~ 要是~ yàoshi...

> 수동태 문장: 주어+被(주체)+ 동사+기타성분
> ex) 거절하다 拒绝
> (선생님한테) 거절당하다 被(老师)拒绝

(접속사)	주어	기타등등	동사
만약		~의해(당하다)	거절하다
要是 Yàoshi		被 bèi	拒绝 jùjué

★리얼tip★
'만약'이라는 단어로 如果도 있죠. 如果는 서면어에서도 쓰여서 시험에도 자주 등장하는데요. 중국인들은 要是를 더 많이 사용한답니다. '만약'의 구어체 표현인 要是도 입에 붙도록 많이 연습해보세요.

말중작 해보기

1. 만약 거절당하면, 얼마나 난감해.

2. 만약 누군가한테 보이면(누가 보면), 얼마나 난감해.

3. 만약 누군가한테 발각되면, 얼마나 난감해.

4. 만약 다른 사람한테 폭로 당하면, 얼마나 난감해.

5. 만약 다른 사람한테 들리면(다른 사람이 들으면), 얼마나 난감해.

참고 단어

尴尬 gāngà 난처,곤란하다

看见 kànjiàn 보이다

发现 fāxiàn 발견(하다)

别人 biérén 다른 사람

戳穿 chuōchuān
폭로하다, 까발리다

听到 tīngdào 들리다

정답을 맞혀보면서 5번 입으로 읽어보세요 1 2 3 4 5

1	만약 거절당하면, 얼마나 난감해.	要是被拒绝，多尴尬呀。 Yàoshi bèi jùjué, duō gāngà ya.
2	만약 누가 보면, 얼마나 난감해.	要是被人看见，多尴尬呀。 Yàoshi bèi rén kànjiàn, duō gāngà ya.
3	만약 누군가한테 발각되면, 얼마나 난감해.	要是被人发现，多尴尬呀。 Yàoshi bèi rén fāxiàn , duō gāngà ya.
4	만약 다른 사람한테 폭로 당하면, 얼마나 난감해	要是被别人戳穿，多尴尬呀。 Yàoshi bèi biérén chuōchuān, duō gāngà ya.
5	만약 다른 사람이 들으면, 얼마나 난감해.	要是被别人听到，多尴尬呀。 Yàoshi bèi biérén tīngdào, duō gāngà ya.

말중작 업그레이드　　(다른 단어 넣어보기)

(접속사)	주어	기타등등	동사	목적어
만약		내일+not	비가 오다	
要是 Yàoshi		**明天不** míngtiān bú	**下雨** xià yǔ	

★리얼tip★
要是의 뒤에 오는 문장에는 보통 就가 함께 와요. 要是 A, 就 B를 세트로 활용하는 연습도 해봅시다.

말중작 해보기(2)

1. 만약 내일 비가 안 오면, 저는 야구 보러 가요.

2. 만약 내일 날씨가 맑아지면, 우리 교외로 소풍 가요.

3. 만약 내일 비가 오면, 우리는 택시 타고 가요.

4. 만약 열심히(잘) 공부하면, 너는 좋은 성적을 취득할 수 있어.

5. 만약 어려움이 있다면, 말해봐. (입 밖으로 꺼내 봐)

참고 단어

棒球 bàngqiú 야구

转晴 zhuǎnqíng 맑아지다

郊游 jiāoyóu 교외로 소풍가다

打的 dǎ dī 택시를 타다

取得 qǔdé 취득하다

成绩 chéngjì 성적

困难 kùnnan 어려움

말중작 정답(2)

정답을 맞혀보면서 5번 입으로 읽어보세요   1   2   3   4   5

1	만약 내일 비가 안 오면, 저는 야구 보러 가요.	要是明天不下雨，我就去看棒球。 Yàoshi míngtiān bú xià yǔ, wǒ jiù qù kàn bàngqiú.
2	만약 내일 날씨가 맑아지면, 우리 교외로 소풍 가요.	要是明天天气转晴，我们就去郊游吧。 Yàoshi míngtiān tiānqì zhuǎnqíng, wǒmen jiù qù jiāoyóu ba.
3	만약 내일 비가 오면, 우리는 택시 타고 가요.	要是明天下雨，我们就打的去吧。 Yàoshi míngtiān xià yǔ, wǒmen jiù dǎ dī qù ba.
4	만약 열심히(잘) 공부하면, 너는 좋은 성적을 취득할 수 있어.	要是好好(儿)学习，你就能取得好成绩。 Yàoshi hǎohāo(r) xuéxí, nǐ jiù néng qǔdé hǎo chéngjì.
5	만약 어려움이 있다면, 말해봐. (입 밖으로 꺼내 봐)	要是有困难，就说出来。 Yàoshi yǒu kùnnan, jiù shuō chūlái.

답정너로 상황 연습

상황1	A: 오늘 무슨 날이게 맞춰봐. B: 너 생일이야? A: 오늘은 한국의 고백데이야. 오늘 그녀에게 고백할 계획이야, 그런데 너무 긴장돼. 만약 거절당하면, 얼마나 난감해. B: 긴장하지 마. 너는 잘생기고 능력 있잖아. 그녀가 틀림없이 너를 좋아할 거야.
상황2	A: 당신은 어떤 취미가 있어요? B: 저는 운동하는 걸 좋아해요. 비가 오든 아니면 바람이 불든, 저는 주말(마다) 운동을 해요. 만약 날씨가 안 좋으면, 저는 실내운동을 해요.
상황3	A: 호랑이도 제 말하면 온다더니. 이게 누구야? 우리 네가 결혼하려는 일을 얘기하고 있었어. B: 꼭 우리 결혼식에 참석해서 우리 축복해 줘. A: 너 결혼식 가고 싶은데, 만약 전 남자친구 마주치면, 얼마나 난감해. 걔 안 오겠지?

참고 단어

日子 rìzi 날 | 表白日 biǎobáirì 고백데이 | 紧张 jǐnzhāng 긴장하다 | 能干 nénggàn 유능하다 | 爱好 àihào 취미
刮风 guā fēng 바람이 불다 | 室内运动 shìnèi yùndòng 실내운동 | 参加 cānjiā 참가하다 | 婚礼 hūnlǐ 결혼식
祝福 zhùfú 축복(하다) | 遇到 yùdào 마주치다

상황1	A: 你猜今天是什么日子。 Nǐ cāi jīntiān shì shénme rìzi.　　B: 是你生日吗? Shì nǐ shēngrì ma?
	A: 今天是韩国的表白日。今天我打算向她表白, 不过太紧张了。 Jīntiān shì Hánguó de biǎobáirì. Jīntiān wǒ dǎsuan xiàng tā biǎobái, búguò tài jǐnzhāng le. **要是**被拒绝, 多尴尬呀。 Yàoshi bèi jùjué, duō gāngà ya.
	B: 别紧张。你又帅又能干。她肯定会喜欢你。 Bié jǐnzhāng. Nǐ yòu shuài yòu nénggàn. Tā kěndìng huì xǐhuan nǐ.
상황2	A: 你有什么爱好? Nǐ yǒu shénme àihào?
	B: 我喜欢运动。无论下雨还是刮风, 我周末都(做)运动。 Wǒ xǐhuan yùndòng. Wúlùn xià yǔ háishi guā fēng, wǒ zhōumò dōu (zuò) yùndòng. **要是**天气不好, 我**就**做室内运动。 Yàoshi tiānqì bù hǎo, wǒ jiù zuò shìnèi yùndòng.
상황3	A: 说曹操, 曹操就到。这是谁啊? 我们正聊着你要结婚的事。 Shuō CáoCāo, CáoCāo jiù dào. Zhè shì shéi a? Wǒmen zhèng liáozhe nǐ yào jié hūn de shì.
	B: 一定来参加我们的婚礼, 祝福我们。 Yídìng lái cānjiā wǒmen de hūnlǐ, zhùfú wǒmen.
	A: 我想去你的婚礼, 不过**要是**遇到前男友, **多尴尬呀**。他不会来吧? Wǒ xiǎng qù nǐ de hūnlǐ, búguò yàoshi yùdào qiánnányǒu, duō gāngà ya. Tā bú huì lái ba?

중국인들 활용법

人生有多少尴尬的事?
Rénshēng yǒu duōshao gāngà de shì?
인생에 난감한 일이 얼마나 있나요?

衣服小一号, 多尴尬呀。
Yīfu xiǎo yí hào, duō gāngà ya.
옷이 한 치수 작으면 얼마나 난감해요.

人生 rénshēng 인생

号 hào 사이즈

드라마 속에서 쓰인 오늘의 패턴　　5번 입으로 읽어보세요　1　2　3　4　5

A: 不会吧? 这林师兄真的喜欢我呀?
Bú huì ba? Zhè lín shīxiōng zhēnde xǐhuan wǒ ya?
아니겠지? 임선배가 진짜 나를 좋아한다고?

我这**要是**误会了, 我得**多尴尬呀**。算了, 不想了。
Wǒ zhè yàoshi wùhuì le, wǒ děi duō gāngà ya. Suàn le, bù xiǎng le.
만약 내가 오해한 거면, 얼마나 난감해야 해. 됐다(아 몰라), 생각 안 할래.

师兄 shīxiōng 동문(同門) 선배 ǀ 误会 wùhuì 오해(하다) ǀ 算了 suàn le 됐다

38 저는 술을 전혀 입에 대지 않아요.

아는 단어, 문장 끄집어내 직접 적어보기

▶ _____

_____

▶ _____

_____

오늘의 표현	전혀, 아예 **根本** gēnběn

주어	기타등등	동사	목적어
저는	전혀+not	마시다	술을
我 Wǒ	**根本不** gēnběn bù	**喝** hē	**酒** jiǔ

★리얼tip★

根本이라는 단어는 품사에 따라 다양하게 활용할 수 있어요. 명사로는 '근본', 형용사로는 '중요하다, 기본적이다', 부사로는 '전혀, 아예'라는 뜻이 돼요. 위치에 따라 뜻이 달라지는 만큼 주의해서 활용해보세요.

말중작 해보기

1. 저는 전혀 술을 입에 대지 않아요.

2. 저는 전혀 고기를 입에 대지 않아요.

3. 저는 전혀 그를 알지 못해요.

4. 저는 전혀 상황을 이해하지 못해요.

5. 그는 저를 전혀 신경 쓰지 않아요.

참고 단어

认识 rènshi 알다

了解 liǎojiě
(자세하게 잘) 알다

情况 qíngkuàng 상황

在乎 zàihu 개의하다

162

정답을 맞혀보면서 5번 입으로 읽어보세요 1 2 3 4 5

1	저는 전혀 술을 입에 대지 않아요.	我根本不喝酒。 Wǒ gēnběn bù hē jiǔ.
2	저는 전혀 고기를 입에 대지 않아요.	我根本不吃肉。 Wǒ gēnběn bù chī ròu.
3	저는 전혀 그를 알지 못해요.	我根本不认识他。 Wǒ gēnběn bú rènshi tā.
4	저는 전혀 상황을 이해하지 못해요.	我根本不了解情况。 Wǒ gēnběn bù liǎojiě qíngkuàng.
5	그는 저를 전혀 신경 쓰지 않아요.	他根本不在乎我。 Tā gēnběn bú zàihu wǒ.

다른 단어 넣어보기: 과거(根本没)

주어	기타등등	동사	목적어
저는	전혀+not(과거)	생각하다+~한 적이 있다	
我 Wǒ	根本没 gēnběn méi	想过 xiǎngguo	

1. 저는 전혀 생각해 본 적이 없어요. (손톱만큼도 생각해본 적 없어요)

2. 저는 전혀 들어 본 적이 없어요. (생판 처음 들어봐요)

3. 그는 전혀 귀담아듣지 않았어요.

4. 저는 전혀 눈치채지 못했어요.

5. 저는 전혀 진지하게 고민하지 않고, 바로 상대의 조건을 승낙했어요.

想 xiǎng 생각하다

听说 tīngshuō
(말하는 것을) 듣다

听进去 tīng jìnqù 귀담아듣다

注意到 zhùyì dào 알아차리다

认真 rènzhēn 진지하다

考虑 kǎolǜ 고려(하다)

答应 dāying 승낙하다

对方 duìfāng 상대방

条件 tiáojiàn 조건

말중작 정답(2)

정답을 맞혀보면서 5번 입으로 읽어보세요 1 2 3 4 5

1	저는 전혀 생각해 본 적이 없어요. (손톱만큼도 생각해본 적 없어요.)	我根本没想过。 Wǒ gēnběn méi xiǎngguo.
2	저는 전혀 들어 본 적이 없어요. (생판 처음 들어봐요.)	我根本没听说过。 Wǒ gēnběn méi tīngshuōguo.
3	그는 전혀 귀담아듣지 않았어요.	他根本没听进去。 Tā gēnběn méi tīng jìnqù.
4	저는 전혀 눈치채지 못했어요. (저는 전혀 주의를 기울이지 않았어요.)	我根本没注意到。 Wǒ gēnběn méi zhùyì dào .
5	저는 전혀 진지하게 고민하지 않고, 바로 상대의 조건을 승낙했어요.	我根本没认真考虑就答应了对方的条件。 Wǒ gēnběn méi rènzhēn kǎolǜ jiù dāyingle duìfāng de tiáojiàn.

답정너로 상황 연습

상황1	A: 왜 그래? 걱정거리 있어? B: 나 여자친구랑 헤어졌어. 그녀는 나를 전혀 신경 쓰지 않아. 세상에 좋은 여자가 있기는 하니? 나는 좋은 여자가 있다는 걸 전혀 믿지 않아. A: 부부의 인연은 하늘이 정하는 거잖아. 분명히 너를 기다리고 있는 한 사람이 있을 거야.
상황2	A: 듣자 하니까 일본인들은 연어를 전혀 안 먹는데. B: 진짜? 나 전혀 들어본 적 없어.
상황3	A: 사장님 무슨 일 있으신가? 요 며칠 좀 이상한 것 같아. B: 나 전혀 눈치채지 못했는데. 회사 망하는 거 아니지? A: 뭔 소리 하는 거야! 입방정.

참고 단어

心事 xīnshì 걱정거리 | 分手 fēn shǒu 헤어지다 | 世界 shìjiè 세계 | 相信 xiāngxìn 믿다
姻缘 yīnyuán 부부의 인연 | 注定 zhùdìng 운명으로 정해져 있다 | 肯定 kěndìng 틀림없이 | 三文鱼 sānwényú 연어
好像 hǎoxiàng 마치 …같다 | 不对劲 búduìjìn 이상하다 | 倒闭 dǎobì 도산하다 | 乌鸦嘴 wūyāzuǐ 입방정

상황1	A: 怎么了? 有心事吗? Zěnme le? Yǒu xīnshì ma? B: 我跟女朋友分手了。她**根本**不在乎我。 Wǒ gēn nǚpéngyǒu fēn shǒu le. Tā gēnběn bú zàihu wǒ. 世界上有好女人吗? 我**根本**不相信有好女人。 Shìjiè shàng yǒu hǎo nǚrén ma? Wǒ gēnběn bù xiāngxìn yǒu hǎo nǚrén. A: 姻缘天注定，肯定有一个人在等着你。 Yīnyuán tiān zhùdìng, kěndìng yǒu yí ge rén zài děngzhe nǐ.
상황2	A: 听说日本人**根本**不吃三文鱼。 Tīngshuō rìběnrén gēnběn bù chī sānwényú. B: 真的吗? 我**根本**没听说过。 Zhēnde ma? Wǒ gēnběn méi tīngshuōguo.
상황3	A: 老板有什么事吗? 这几天他好像有点儿不对劲。 Lǎobǎn yǒu shénme shì ma? Zhè jǐ tiān tā hǎoxiàng yǒudiǎnr búduìjìn. B: 我**根本**没注意到。公司是不是要倒闭了? Wǒ gēnběn méi zhùyì dào. Gōngsī shì bu shì yào dǎobì le? A: 说什么呀! 乌鸦嘴。 Shuō shénme ya! Wūyāzuǐ.

중국인들 활용법

> 熟 shú 익다
>
> 以前 yǐqián 이전
>
> 看懂 kàndǒng 보고 알다

根本没熟。
Gēnběn méi shú.
전혀 안 익었어요.

我以前**根本**没看懂。
Wǒ yǐqián gēnběn méi kàndǒng.
예전엔 전혀 (보고) 이해 못 했었어요.

드라마 속에서 쓰인 오늘의 패턴   5번 입으로 읽어보세요   1   2   3   4   5

A: 你解释了没有?
Nǐ jiěshì le méiyǒu?
너는 해명했어 안 했어?

B: 我解释了，可是上司她**根本**就不听我的解释。
Wǒ jiěshì le, kěshì shàngsi tā gēnběn jiù bù tīng wǒ de jiěshì.
당연히 해명했죠, 근데 상사가 아예 제 해명을 안 들었다니까요.

解释 jiěshì 해명하다 | 上司 shàngsi 상사

아무리 공짜 표라도, 이렇게 비양심적이면 안 되지.

아는 단어, 문장 끄집어내 직접 적어보기

▶ _____

_____

▶ _____

_____

오늘의 표현	아무리(설령)~ 라 하더라도 就算~ jiùsuàn...

(접속사)	주어	기타등등	동사	목적어
설령(~라도)			이다	공짜 표
就算 Jiùsuàn			是 shì	免费票 miǎnfèipiào

★리얼tip★
就算은 '설령... 라도'라는 뜻의 접속사에요. 就算A,也B의 형식으로 활용하니까, 세트로 외워두세요.

말중작 해보기

1. 아무리 수술비라도,

2. 아무리 부자를 풍자하는 것이라도,

3. 아무리 저녁이라도,

4. 아무리 보통 친구라도,

5. 아무리 헛된 망상(백일몽)이라도,

참고 단어

手术费 shǒushùfèi 수술비

讽刺 fěngcì 풍자(하다)

富人 fùrén 부자

普通 pǔtōng 보통이다

白日梦 báirìmèng 헛된 공상

정답을 맞혀보면서 5번 입으로 읽어보세요 1 2 3 4 5

1 아무리 수술비라도,	就算是手术费, Jiùsuàn shì shǒushùfèi,
2 아무리 부자를 풍자하는 것이라도,	就算是讽刺富人, Jiùsuàn shì fěngcì fùrén,
3 아무리 저녁이라도,	就算是晚上, Jiùsuàn shì wǎnshang,
4 아무리 보통 친구라도,	就算是普通朋友, Jiùsuàn shì pǔtōng péngyou,
5 아무리 헛된 망상(백일몽)이라도,	就算是白日梦, Jiùsuàn shì báirìmèng,

말중작 업그레이드 아무리 공짜표라도, 이렇게 비양심적이면 안 되지.

주어	기타등등	동사	목적어	(문장 맨 뒤)
	not	~ 정도에 이르다	이렇게+ 비양심적이다	
	不 bú	**至于** zhìyú	**这么黑** zhème hēi	**吧** ba

★리얼tip★

不至于...吧는 '... 정도까지는 아니지'라는 뉘앙스로 쓰는 문장이에요. 뒤에 다른 동사/형용사를 붙이지 않고 不至于吧? 로 단독 사용도 할 수 있고요, '... 할 정도야?'라고 해서 至于吗? 로도 바꿔 쓸 수 있어요.

말중작 해보기(2)

1. 아무리 수술비라도, 이렇게 많이 나올 건 아니죠.

2. 아무리 부자를 풍자하는 것이라도, 이렇게 인기 있을 건 아니죠.

3. 아무리 저녁이라도, 이렇게 운전하면 안 되죠.

4. 아무리 보통 친구라도, 이건 아니죠. (이렇게까지 할 건 아니죠)

5. 아무리 헛된 망상(백일몽)이라도, 이건 아니죠.

> **참고 단어**
>
> 火 huǒ 인기 있다
>
> 这样 zhèyàng 이와 같다
>
> 开车 kāi chē 운전하다

정답을 맞혀보면서 5번 입으로 읽어보세요   1   2   3   4   5

	한국어	중국어
1	아무리 수술비라도, 이렇게 많이 나올 건 아니죠.	就算是手术费，也不至于这么多吧。 Jiùsuàn shì shǒushùfèi, yě bú zhìyú zhème duō ba.
2	아무리 부자를 풍자하는 것이라도, 이렇게 인기 있을 건 아니죠.	就算是讽刺富人，也不至于这么红吧。 Jiùsuàn shì fěngcì fùrén, yě bú zhìyú zhème hóng ba.
3	아무리 저녁이라도, 이렇게 운전하면 안 되죠.	就算是晚上，也不至于这样开车吧。 Jiùsuàn shì wǎnshang, yě bú zhìyú zhèyàng kāi chē ba.
4	아무리 보통 친구라도, 이건 아니죠. (이렇게까지 할 건 아니죠)	就算是普通朋友，也不至于这样吧。 Jiùsuàn shì pǔtōng péngyou, yě bú zhìyú zhèyàng ba.
5	아무리 헛된 망상(백일몽)이라도, 이건 아니죠.	就算是白日梦，也不至于这样吧。 Jiùsuàn shì báirìmèng, yě bú zhìyú zhèyàng ba.

답정너로 상황 연습

상황1	A: 나 여자친구랑 헤어졌어. 그녀는 나를 전혀 신경 쓰지 않아. 세상에 좋은 여자가 있기는 하니? 나는 좋은 여자가 있다는 걸 전혀 믿지 않아. B: 이럴 정도는 아니지. 부부의 인연은 하늘이 정하는 거잖아. 분명히 너를 기다리고 있는 한 사람이 있을 거야.
상황2	A: 너 〈강남스타일〉 들어봤어? B: 당연하지. 아무리 부자를 풍자하는 것이라도 이렇게 인기 있을 건 아니지 않아? 왜 전 세계적으로 사랑받는 거야?
상황3	A: 죄송합니다. 제가 사람을 착각했어요. B: 눈이 멀었어? A: 너무 심하게 말씀하시네요. 이럴 정도는 아니죠.

참고 단어

分手 fēn shǒu 헤어지다 | 世界 shìjiè 세계 | 相信 xiāngxìn 믿다 | 姻缘 yīnyuán 부부의 인연 | 注定 zhùdìng 운명으로 정해져 있다 | 肯定 kěndìng 틀림없이 | 江南 Jiāngnán 강남 | 红遍全球 hóngbiànquánqiú 전 세계적으로 사랑받다 | 认错 rèncuò 잘못 보다 | 眼瞎 yǎnxiā 눈이 멀다 | 过分 guòfèn 지나치다

상황1	A: 我跟女朋友分手了。她根本不在乎我。 Wǒ gēn nǚpéngyǒu fēn shǒu le. Tā gēnběn bú zàihu wǒ. 世界上有好女人吗？我根本不相信有好女人。 Shìjiè shàng yǒu hǎo nǚrén ma? Wǒ gēnběn bù xiāngxìn yǒu hǎo nǚrén. B: **不至于**(这样)吧。姻缘天注定，肯定有一个人在等着你。 Bú zhìyú (zhèyàng) ba. Yīnyuán tiān zhùdìng, kěndìng yǒu yí ge rén zài děngzhe nǐ.
상황2	A: 你听过《江南style》吗？ Nǐ tīngguo 《Jiāngnán style》 ma? B: 当然。 **就算**是讽刺富人，也**不至于**这么红吧。 Dāngrán. Jiùsuàn shì fěngcì fùrén, yě bú zhìyú zhème hóng ba. 为什么红遍全球？ Wèishénme hóngbiànquánqiú?
상황3	A: 对不起，我认错人了。 Duìbuqǐ, wǒ rèncuò rén le. B: 你眼瞎了？ Nǐ yǎnxiā le? A: 您说得太过分了。**不至于**(这样)吧。 Nín shuō de tài guò fèn le. Bú zhìyú (zhèyàng) ba.

중국인들 활용법

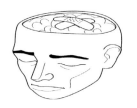

抽血 chōu xuè 피를 뽑다

表情 biǎoqíng 표정

程度 chéngdù 정도, 수준

倒下 dǎoxià 쓰러지다

抽个血**不至于**这样的表情。
Chōu ge xuè bú zhìyú zhèyàng de biǎoqíng.
피 좀 뽑는데 이런 표정 지을 거까진 아니잖아요.

这个程度，**不至于**倒下。
Zhè ge chéngdù, bú zhìyú dǎoxià.
이 정도에 쓰러지는 건 아니죠. (이 정도에 쓰러지지 않아요)

드라마 속에서 쓰인 오늘의 패턴　5번 입으로 읽어보세요　1　2　3　4　5

A: 不会是PK输了吧？
Bú huì shì PK shū le ba?
PK(게임 대결) 진 건 아니겠지?

B: **不至于**吧，游戏而已啊。
Bú zhìyú ba, yóuxì éryǐ a.
이렇게까지 할 건 아니지, 게임일 뿐인데.

PK Player Kill의 약자 (결투하다, 대결하다) ┃ 输 shū 지다 ┃ 游戏 yóuxì 게임 ┃ 而已 éryǐ …뿐(이다)

40 계속 말하다가 울었어요.
(말하다 보니 눈물이 났어요.)

아는 단어, 문장 끄집어내 직접 적어보기

▶ _____

_____

▶ _____

_____

오늘의 표현	A하다가 (계속 A하다가) B다. A着A着就 B A zhe A zhe jiù B

주어	기타등등	동사	목적어
	계속 말하다가+ 바로	울다+(과거)	
	说着说着就 Shuōzhe shuōzhe jiù	**哭了** kū le	

말중작 해보기

1. 말하다가 울었어요.

2. 말하다가 깜빡했어요.

3. 말하다가 웃었어요.

4. 말하다가 잠들었어요.

5. 말하다가 말문이 막혔어요.

참고 단어

哭 kū 울다

忘 wàng 잊다

笑 xiào 웃다

睡着 shuìzháo 잠들다

说不出话 shuō bu chū huà
말이 나오지 않다

정답을 맞혀보면서 5번 입으로 읽어보세요　1　2　3　4　5

1　말하다가 울었어요.	说着说着就哭了。 Shuōzhe shuōzhe jiù kū le.
2　말하다가 깜빡했어요.	说着说着就忘了。 Shuōzhe shuōzhe jiù wàng le.
3　말하다가 웃었어요.	说着说着就笑了。 Shuōzhe shuōzhe jiù xiào le.
4　말하다가 잠들었어요.	说着说着就睡着了。 Shuōzhe shuōzhe jiù shuìzháo le.
5　말하다가 말문이 막혔어요.	说着说着就说不出话了。 Shuōzhe shuōzhe jiù shuō bu chū huà le.

말중작 업그레이드　　다른 단어 넣어보기: 듣다가 울었어요.

주어	기타등등	동사	목적어
	계속 듣다가+ 바로	울다+ (과거)	
	听着听着就 Tīngzhe tīngzhe jiù	哭了 kū le	

말중작 해보기(2)

1. 생각하다가 (기회) 놓쳤어요.

2. 말하다가 본론에서 벗어났어요. (삼천포로 빠졌어요)

3. 참다가 아프지 않아졌어요.

4. 그 노래는 듣다가 질렸어요.

5. 걷다가 갑자기 방향을 모르겠어요.

错过　cuòguò (기회) 놓치다

扯远　chěyuǎn
　　　(이야기) 본론을 벗어나다

忍　rěn 참다

痛　tòng 아프다

首　shǒu (양) (시, 노래) 수

歌　gē 노래

腻　nì 싫증나다

突然　tūrán 갑자기

方向　fāngxiàng 방향

말중작 정답(2)

정답을 맞혀보면서 5번 입으로 읽어보세요 1 2 3 4 5

1	생각하다가 (기회) 놓쳤어요.	想着想着就错过了。 Xiǎngzhe xiǎngzhe jiù cuòguò le.
2	말하다가 본론에서 벗어났어요. (삼천포로 빠졌어요)	说着说着就扯远了。 Shuōzhe shuōzhe jiù chěyuǎn le.
3	참다가 아프지 않아졌어요.	忍着忍着就不痛了。 Rěnzhe rěnzhe jiù bú tòng le.
4	그 노래는 듣다가 질렸어요.	那首歌听着听着就腻了。 Nà shǒu gē tīngzhe tīngzhe jiù nì le.
5	걷다가 갑자기 방향을 모르겠어요.	走着走着突然就不知道方向了。 Zǒuzhe zǒuzhe tūrán jiù bù zhīdào fāngxiàng le.

답정너로 상황 연습

상황1	A: 이번 시험 준비는 어때(잘 돼가)? B: 어제 공부하다가 그냥 잠들었어. 올해 장학금은 물거품이 된 셈이야.
상황2	A: 오늘 밤에 영화 개봉하잖아. 표 샀지? B: 너는 정말 배우 못지않은 것 같아! 말랐든 (아니면) 뚱뚱하든 보기 좋아(예뻐). A: 본론만 말해. (삼천포로 빠지지 마) B: 바쁘다가 깜빡했어.
상황3	A: 너 〈강남스타일〉 들어봤어? B: 당연하지. 지금도 여전히 듣기 좋다고 생각해. A: 당시 전 세계적으로 사랑받았는데 나는 듣다가 질렸어.

참고 단어

考试 kǎoshì 시험 ㅣ 准备 zhǔnbèi 준비하다 ㅣ 奖学金 jiǎngxuéjīn 장학금 ㅣ 算是 suànshì ⋯인 셈이다
泡汤 pào tāng 물거품이 되다 ㅣ 上映 shàngyìng 상영하다 ㅣ 不比... bù bǐ ⋯의 비교가 되지 않다 ㅣ 瘦 shòu 마르다
胖 pàng 뚱뚱하다 ㅣ 无论 wúlùn ⋯에 관계없이 ㅣ 江南 Jiāngnán 강남 ㅣ 还是 háishi 1) 여전히 2) (의문문) 아니면
红遍全球 hóngbiànquánqiú 전 세계적으로 사랑받다

172

상황1	A: 这次考试准备得怎么样? Zhè cì kǎoshì zhǔnbèi de zěnmeyàng? B: 昨天学着学着就睡着了。今年的奖学金算是泡汤了。 Zuótiān xuézhe xuézhe jiù shuìzháo le. Jīnnián de jiǎngxuéjīn suànshì pào tāng le.
상황2	A: 今天晚上电影上映。买票了吧? Jīntiān wǎnshang diànyǐng shàngyìng. Mǎi piào le ba? B: 你不比演员差! 无论瘦还是胖, 都很好看。 Nǐ bù bǐ yǎnyuán chà! Wúlùn shòu háishi pàng, dōu hěn hǎokàn. A: 别扯远了。 Bié chěyuǎn le. B: 忙着忙着就忘了。 Mángzhe mángzhe jiù wàng le.
상황3	A: 你听过《江南style》吗? Nǐ tīngguo《Jiāngnán style》ma? B: 当然。现在还是觉得很好听。 Dāngrán. Xiànzài háishi juéde hěn hǎotīng. A: 当年红遍全球, 我听着听着就腻了。 Dàngnián hóngbiànquánqiú, wǒ tīngzhe tīngzhe jiù nì le.

중국인들 활용법

看着看着就喜欢上了。
Kànzhe kànzhe jiù xǐhuan shàng le.
보다가 좋아하게 됐어요.

有些事想着想着就算了。
Yǒuxiē shì xiǎngzhe xiǎngzhe jiù suàn le.
어떤 일들은 생각만 하다가 그만두게 돼요.

喜欢上 xǐhuan shàng
좋아하게 되다

有些 yǒuxiē 어떤

算了 suàn le 그만두다

드라마 속에서 쓰인 오늘의 패턴 5번 입으로 읽어보세요 1 2 3 4 5

A: 小蚯蚓, 你刚才跟我说什么呀? 说着说着我都快睡着了。
Xiǎo qiūyǐn, nǐ gāngcái gēn wǒ shuō shénme ya? Shuōzhe shuōzhe wǒ dōu kuài shuìzháo le.
샤오치우인, 너 방금 뭐라고 했어? 말하다가 잠들뻔했어.

B: 没关系, 就是安迪她看不起我, 以后我离她远点儿就是。
Méiguānxi, jiùshì āndí tā kàn bu qǐ wǒ, yǐhòu wǒ lí tā yuǎn diǎnr jiùshì.
괜찮아. 안디 그 여자가 나 무시하잖아, 나중에 그 여자랑 친하게 안 지내면 그만이야.

快...了 kuài...le 곧...하려고 한다 | 就是 jiùshì 1) 단호한 뉘앙스 강조 2) ...하면 된다 | 看不起 kàn bu qǐ 깔보다

묶어보기

다음 한글을 보고 중국어로 말해보세요.

	패턴(한국어문장)	말중작
31	너 설마 모르는 거야?	
32	실패가 나쁜 일만은 아니에요.	
33	그녀가 그 말로만 듣던 그 사람이에요. 그녀는 스타 못지않아요.	
34	유럽여행은 물거품이 된 셈이에요.	
35	일이 얼마나 피곤하든, 주말마다 등산하러 가요.	
36	호랑이도 제 말하면 온다더니, 우리 네가 그날 말한 일을 얘기하고 있었어.	
37	만약 거절당하면, 얼마나 난감해.	
38	저는 술을 전혀 입에 대지 않아요.	
39	아무리 공짜 표라도, 이렇게 비양심적이면 안 되지.	
40	계속 말하다가 울었어요.	

묶어보기(답안)

정답을 맞혀보면서 5번 입으로 읽어보세요   1   2   3   4   5

	패턴(한국어문장)	말중작
31	너 설마 모르는 거야?	难道你不知道吗?
32	실패가 나쁜 일만은 아니에요.	失败不见得是坏事。
33	그녀가 그 말로만 듣던 그 사람이에요. 그녀는 스타 못지않아요.	她就是传说中的那个人。 她不比明星差。
34	유럽여행은 물거품이 된 셈이에요.	欧洲旅行算是泡汤了。
35	일이 얼마나 피곤하든, 주말마다 등산하러 가요.	无论工作多累，周末都去跑山。
36	호랑이도 제 말하면 온다더니, 우리 네가 그날 말한 일을 얘기하고 있었어.	说曹操，曹操就到。 我们正聊着那天你说的事情。
37	만약 거절당하면, 얼마나 난감해.	要是被拒绝，多尴尬呀。
38	저는 술을 전혀 입에 대지 않아요.	我根本不喝酒。
39	아무리 공짜 표라도, 이렇게 비양심적이면 안 되지.	算是免费票， 不至于这么黑吧。
40	계속 말하다가 울었어요.	说着说着就哭了。